Food Service Business Management

외식업 창업과 경영 노하우

외식사업 창업경영

임 붕 영 지음

백산출판사

머리말

창업 = 평생직장, 평생직업

창업이 이제는 직업선호도의 1순위로 자리잡아가고 있다.

흔히 '먹는 장사는 망하지 않는다.'고 말한다. 먹는 행위는 점점 고급스러워지고, 소득수준이 늘어나면서 하루가 다르게 다양해질 뿐만 아니라 세분화되어 간다. 그래서 개인은 물론이고 기업들도 다투어 '먹는 시장'에 뛰어들고 있다.

사실 외식시장의 양적 규모나 가구당 평균 외식비의 지출 추이를 보면 가히 놀랄 만큼 급성장하는 시장임에는 틀림이 없다. 여성의 사회진출이 급증하면서 외식행위가 늘고 있으며, 노동시간의 감소에 따른 여가시간의 증대와 레저 문화의 일상화 또한 자동화 보급에 의한 이동의 편리성 등으로 이 같은 현상은 지속될 것이 분명하다. 최근에는 주 5일 근무제의 도입과 음식문화의 세계화 추세에 따라 외식이 이제는 하나의 문화 활동으로 변해가고 있다. 그래서 먹는 장사는 망하지 않는다고 말하며, 앞다투어 외식사업에 투자하려고 든다. 이들 대부분은 특별한 준비 없이 누구나 쉽게 식당을 창업할 수 있다고 생각하는 듯싶다. 더구나 현금업종이기 때문에 자금회전이 빠르다는 계산까지 하고 있다.

하지만 이 같은 사실은 10여 년 전이나 가능했던 일이고, 지금은 누구나 쉽게 덤벼들 수 없는 시장으로 변했다. 함부로 덤벼들었다가는 모두 망하고 만다는 경고부터 들려 주고 싶다.

"먹는 장사는 망하지 않는다.", "먹는 시장만큼 빠르게 변하는 시장이 없다.", "식당경영은 누구나 할 수 있다."는 생각만으로는 성공이 보장되지 않는다. 최소한 인건비는 건질 수 있다는 생각을 버리고 "식당도 기업이다."라는 생각부터 갖추어야 한다.

양적으로 시장규모는 급성장하는데 식당문화가 없고 전문 인력이 없으며, 참고할 만한 이렇다 할 도서 하나 제대로 갖추지 못하고 있는 것이 우리 외식업계의 현실이다.

무엇보다도 전문지식이 없이는 창업은 금물이라고 말하고 싶다. 확신과 자신감이 넘치고 객관적인 검증을 받아 위험부담이 없다고 판단될 때 창업할 것을 권한다.

이 책은 외식사업을 창업하려고 준비 중인 예 창업자들이나 대학에서 외식경영을 전공하는 학생들에게 귀중한 자료가 될 것으로 믿는다. 또한 현재 외식사업을 하고 있는 사람들에게도 매출액을 두 배 이상 늘리는 데 크게 기여하리라 확신한다.

저 자

차 례

CHAPTER 1 외식사업 창업 리더십 11

1. 창업은 창업자의 경영철학에 달려있다 13
2. 창업은 종합예술이다 15
3. 차별성이 없으면 가계 문을 열지 마라 17
4. 차별성을 부각 시켜라 18
5. 메뉴의 전문성을 살려라 19
6. 시장을 알아야 성공이 보인다. 20
7. 자기만의 사업 모델을 구축하라 21
8. 창의적인 모방의 달인이 되라 22
9. 위험을 최소화 할 수 있는 방법을 찾아라 23
10. 순발력과 유연성을 갖추어라 24
11. 반드시 성공하겠다는 승부근성을 갖어라 25

CHAPTER 2 외식사업 창업 실무론 55

1. 외식산업의 창업과 경영전망을 제시해 보라 56
2. 외식사업 창업- 경영로드맵을 제시해 보라 58
3. 창업 메뉴 아이템 선정을 분석하라 60
4. 입지, 상권을 분석하라 62
5. 고객관리 전략을 점검하라 64

6. 창업에서 성공할 수 있는 마케팅 전략의 틀을 제시해 보라 66
7. 고객을 잡아라. 어떻게 서비스 할 것인가 그 방법을 제시하라. 69
8. 유머로 고객을 즐겁게 하라 72
9. 창업자로서 자신의 환경을 분석하라 74
10. 위생관리 시스템을 도입하라 76
11. 창업하고자 하는 메뉴상품의 특성과 관리 기법을 제시하라 78
12. 자금계획서를 검토하라 80
13. 직원관리 계획을 분석하라 82
14. 식재료 관리 기법을 점검하라 84
15. 운명 매뉴얼을 작성하라 87
16. 감성경영 기법을 분석하라 89
17. 점포관리 기법을 분석해 보라 91
18. 창업가는 이제 CEO다. CEO로서 갖추어야 할 리더십을 분석해 보라 93
19. 외식시장의 트랜드를 분석하라 95
20. 외식사업의 특성을 분석하라 98
21. 창업에 도움이 되는 성공한 업소를 분석하라 100
22. 서비스 전략을 10`s차원에서 분석해 보라 102
23. 고객만족도를 정기적으로 분석하라 106
24. 경영 자문단을 구성하라 110
25. 고객의 소리를 경청 시스템을 분석하라 112
26. 외식사업 경영의 네 가지 요소인 4-Ware시스템을 분석하라 114

27. 창업사업의 타당성을 분석하라 116
28. 연간 판촉 계획을 수립하고 이를 분석하라 119
29. 창업 계획서를 작성 전 점검사항을 분석하라 121
30. 창업계획서를 작상하고 분석하라 126

CHAPTER 3 외식사업 창업 마케팅 전략 133

1. 마케팅이란 무엇인가? 134
2. 마케팅 트렌드 분석하기 136
3. 마케팅 전략 프로세스 분석 144
4. 성공마케팅 위한 사전 분석 146
5. 마케팅 전략과 개념의 변화 이해 151
6. 마케팅 자가진단 152
7. 고객 발전 단계 153
8. 소비자의 욕구 분석 156
9. STP전략 분석하기 158
10. PLC 분석하기 161
11. 가격결정에 대하여 165
12. AIDMA 이해하기 168
13. 4P에서 4C로 변화하는 마케팅 환경의 이해 170
14. 마케팅 환경 분석이해하기 172
15. 고객행동의 이해 174
16. 7's 마케팅 환경 이해하기 176

17. 내부마케팅에 대하여 179
18. 놀부보쌈의 마케팅 전략에 대하여 181
19. BBQ의 마케팅 전략에 대하여 183
20. 민들레 영토의 마케팅 전략에 대하여 186
21. 스타벅스의 마케팅 전략에 대하여 188
22. 교촌치킨의 마케팅 전략에 대하여 191
23. 빕스(VIP'S)의 마케팅 전략에 대하여 193
24. 벽제갈비의 마케팅 전략에 대하여 196
25. 불고기 브라더스의 마케팅 전략에 대하여 198
26. 투다리의 마케팅 전략에 대하여 201
27. 용수산의 마케팅 전략에 대하여 203

CHAPTER 4 외식서비스 실무 전략 207

1. Astonishing(고객을 놀라게 하라) 209
2. Body language(신체언어를 개발하라) 214
3. Challenge(도전하라) 218
4. Dollar(서비스는 돈이다) 224
5. Entertainment(즐거움을 팔아라) 228
6. First class(고객을 최고의 귀빈으로 모셔라) 234
7. Golden rule(골든 룰을 지켜라) 237
8. Humor(유머를 선물하라) 241
9. Innovation(혁신적인 서비스를 개발하라) 246

10. Judge(고객의 눈으로 보고 고객의 입장에서 판단하라) 250
11. Knowledge(아는 것만큼 서비스한다) 254
12. Leadership(리더십을 구축하라) 258
13. Mind(서비스 마인드로 무장하라) 262
14. Neat(서비스 공간을 청결하고 쾌적하게 하라) 267
15. Mind(마음을 열어라) 273
16. Personalized service(맞춤식 서비스를 제공하라) 278
17. Quality(서비스의 품격을 높여라) 284
18. Relationship(고객과의 관계를 강화하라) 288
19. System(서비스 시스템을 구축하라) 293
20. Technique(서비스 테크닉을 개발하라) 297
21. Understanding(고객을 이해하기 위해 노력하라) 302
22. Value(가치를 팔아라) 308
23. Word of mouth(고객의 입을 이용하라) 312
24. X-ray(고객의 속마음을 읽어라) 317
25. Yes(긍정적인 사고를 하라) 322
26. Zealous(열정적인 서비스 리더가 되라) 327

APPENDIX 외식경영 관련 운영 매뉴얼 양식 331

참고문헌 362

CHAPTER 1

외식사업 창업 리더십

창업 리더십을 갖추어라

창업의 성패는 창업자의 자질에 달려있다.
성공비전과 명확한 판단, 친화력 등 창업 리더십은 창업의 성패를 결정하는 첫 번째 요소다. "모든 일의 성패는 리더십에 달려있다"는 존 맥스웰의 리더십 철학을 기억하라

1. 창업은 창업자의 경영철학에 달려있다

사람도 세상도 때로는 무덤까지도 가는 곳을 명확히 아는 사람에게는 길을 비켜준다는 로마속담이 있다.

당신은 자신이 가는 길을 알고 있는가? 충분한 목표를 가지고 있는가? "계획을 세우지 않는 것은 무의식적으로 실패하는 계획을 세우는 것"이라고 티볼트 프랭크는 말한다.

1분이 만드는 백만장자의 저자인 마크 빅터 한센과 로버트G 앨런은 백만장자로 부자가 되기 위해서는 반드시 다음과 같은 사항을 점검할 것을 권한다.

① 풍요는 자연스러운 것이다. 기회와 축복은 풍요를 바라는 사람에게 주어진다.

② 말이 변화를 가져온다. 좋은 목적으로 말하라. 도움이 되지 아노는 말이면 말하지 마라.

③ 모든 것은 꿈에서 시작된다. 큰 꿈을 가져라. 꿈은 이루어진다.

④ 목표를 시각화하라. 목표에 대해 생각하지 말고 목표에서부터 생각하라.

⑤ 목표를 적는다. 매일 그날의 목표를 중요한 것 여섯 가지를 적어라.

⑥ 몸과 마음과 영혼이 일치해야 한다. 당신이 원해야 한다. 자신이 많은 돈을 벌 수 있다고 믿어야 한다. 자신이 엄청난 부자가 될 자격이 있다고 믿어야 한다.

⑦ 파괴하는 것이 창조하는 것이다. 이력이나 과거의 직장에 집착하지 마라. 새로운 차원의 결과를 향해 돌파하라.

⑧ 행동을 정렬한다. 자신의 행동을 정렬하는 것이 자신의 인생에서 자신이 원하는 것을 구현하는 마지막 열쇠다.

창업은 막대한 자본과 가족의 에너지 그동안 자신이 쌓아온 모든 것을 걸고 하는 승부게임이다. 반드시 승리할 수 있는 계획, 부자가 되어 경제적으로 좀더 윤택하고 자유로운 삶을 살기위한 전략이어야 한다. 그러므로 창업이야말로 제2의 인생을 개척할 수 있는 좋은 기회가 아닐 수 없다. 평균수명의 연장과 평생고용제도가 없는 상황에서 평생일터, 평생직장인 창업을 통하여 자기 사업할 수 있는 비전을 가져나가는 일은 누구에게나 권할 만한 일이다.

평생직장은 없을까? 창업만이 그것을 말해 줄뿐이다. 21세기는 창업의 시대다. 이제는 능력 있고 기술 좋고 머리 좋은 사람 일수록 남의 밑에서 일하던 시대는 지났다. 누구든지 현재 자신이 하고 있는 분야에서 눈만 잘 돌리면 얼마든지 부가가치를 낳을 수 있는 아이템을 개발 할 수 있다. 나도 사장이 될 수 있다. 문제는 결단이다. 평생 남을 위해서 에너지를 낭비 할 것인가 지금부터 생각을 바꿔 보자. 로봇처럼 출퇴근하며 언제 밀려나야 할지 모를 가시방석에 앉아 있는 한, 더 이상 미래는 없다. 뭔가 나의 사업, 나의 일을 시작해야 한다.

전문가들은 한 살이라도 젊었을 때 창업할 것을 권하고 있다. 이왕 시작하려면 빠른 결단을 권하고 싶다.

외식사업은 타 업종에 비해 소자본으로 창업이 가능한 특성을 갖고 있으며, 설사 사업경험이 없다 하여도 체인본부에 가맹하여 경영지도를 받거나 주변점포를 방문하여 쉽게 배울 수 있는 분야이다. 또 부부가 공동으로 운영하는 것이 가능하고, 본인의 노력 여하에 따라 무한정 성장할 수 있는 업종이다. 제조업처럼 복잡하지 않고 절차가 까다롭지도 않다. 문제는 결단이다.

나도 사장이 될 수 있고 평생직장을 만들 수 있다는 결단의 문제만이 남아 있다.

2. 창업은 종합예술이다

창업은 단지 점포 문을 여는 것을 의미하지 않는다. 그동안 배운 지식과 경험을 종합하여 하나의 작품을 만드는 과정이기 때문이다. 그래서 창업은 종합예술이라고까지 말한다. 그런 면에서 창업자는 예술가가 되어야 한다. 특히 외식사업은 메뉴만 좋다고 해서 저절로 운영이 잘 되는 그런 업종은 아니다. 메뉴뿐 아니라 입지, 상권, 고객층과 지리적 발전 가능성, 인테리어, 서비스, 마케팅, 직원관리 등 모든 것들이 잘 균형을 유지해야 제대로 굴러갈 수 있다. 따라서 외식사업 창업자는 전체를 볼 수 있는 무대 연주자가 되어야 한다.

많은 사람들이 외식사업을 창업하는 데는 그 만한 이유가 있다. 외식사업은 다음과 같은 두 가지 특성이 있기 때문이다.

첫째, 외식사업은 소자본으로 전국을 체인화 시킬 수 있고, 세계를 대상으로 영업할 수도 있다. 아무리 규모가 작다 해도 이를 표준화시켜 체인점의 원리를 이용한다면 전국으로, 전 세계로 벋어나갈 수 있는 것이 외식업이다. 투다리는 87년에 3평으로 시작했지만 세계적인 기업으로 성장했다. 이것이 외식사업의 매력이며 가능성이 있다는 것을 말해주는 것이다. 요즘처럼 불경기에 규모의 크기에 좌우되지 않고 자신의 업소를 특성화, 차별화 시켜나가야 성공 할 수 있음을 보여주는 실례가 아닐 수 없다. 뒤에서 설명하겠지만 외식사업은 표준화가 이루어지지 않으면 원가절감이나 일관된 서비스를 제공할 수 없는 한계를 갖고 있는 산업이다. 결국은 투자금액에 신경 쓰기보다는 혼을 파는 자세로 창업하는 열정과 기업가 정신이 요구된다 하겠다.

둘째, 먹는장사는 독점기업이 없다는 것이다. 부부지간에도 음식 맛이 다르다. 물론 아이들과 부모세대의 음식 선호도가 다른 것은 말할 필요가 없다. 이처럼 개개인의 속성과 개성에 따라 혹은 환경에 따라 음식 맛이 제각각이기 때문에 먹는 사업은 어느 특정기업의 메뉴만을 소비하는 업종이 아니라는 것이다. 이는 다시말해 독점기업이 없기에 그 만큼 후발주자들에게도 가능성이 열려 있다는 것을 의미한다. 이 처럼 소비자 개개인의 식생활패턴과 기호에 영향을 받는 산업이기 때문에 무한정 성장 가능한 유망분야로 인식되고 있다.

3. 차별성이 없으면 가게 문을 열지 마라

"나의 강점은 무엇인가?"
"나의 업소의 차별성은 무엇인가?"
"기존 업소들과 무엇으로 차별화 시켜나갈 것인가?"

차별성이 없으면 문을 열지 마라. 창업에서 차별성은 생명이다. 차별성은 고객을 창조해 나가가는 비결이며 기존 점포들과 비교우위의 강점을 누릴 수 있는 마케팅 전략이기도 하다. 왜냐하면 창업자는 후발주자라는 핸디캡을 갖고 있기 때문이다. 반면 기존 영업자들의 허점도 꿰뚫어 볼 수 있다. 기존업소와 차별화를 꾀할 수 있는 전략과 메뉴, 판촉방법이 뒤따라야 한다. 특성이 없으면 죽는다. 지금 날마다 주인만 바뀌는 식당이 부지기수라는 사실을 명심하라.

남이 파는 것, 남이 하는 대로 뒷북만 치고 다니면 시간만 낭비 할 뿐이다. 한 가지라도 똑 부러지는 기술과 노하우를 갖추어야 살아남을 수 있다. 옆집과 비교해서 차별화 시킬 수 있는 강점이 없다면 시작도 하지 말라. 돈만 날리고 결국은 옆집에게 손님만 몰아주는 꼬리 된다. 21세기의 경쟁은 차별성에 있다. 퓨전형태의 호프집을 창업해서 짧은 기간에 중견기업으로 성장한 헤리코리아는 독특한 방법으로 고객을 끌어들이고 있다. 이 업소는 생일을 맞는 고객에게는 미역국을 직접 끓여 줌으로써 기존의 업소처럼 사진을 찍어 준다거나 촛불을 켜주는 방식을 탈피하여 어머니의 손맛과 따뜻한 정을 느끼게 하는 감성마케팅으로 차별화하여 고객으로부터 좋은 호응을 얻고 있다.

4. 차별성을 부각 시켜라

"남과 같아서는 성공할 수 없다"
"차별성이 경쟁력이다"
"고객은 늘 새로움을 추구한다"

이것은 성공한 외식인들이 주장하는 한결같은 비결이다.

틈새시장에 뛰어들어 엉뚱한 발상으로 고객의 관심을 끌거나 색다른 메뉴를 취급하여 주변시장과의 차별화를 꾀할 수도 있다. 외식업은 독점기업이 존재하지 않는다. 그래서 누구나 성공 할 수 있는 가능성이 열려 있다. 틈새시장은 지리적으로 뿐 아니라 기존의 메뉴에 소스의 변화를 준다거나 전혀 색다른 메뉴를 개발하는 것이다. 삼각 김밥이나 부위별로 닭고기를 판매하여 치킨시장에 돌풍을 일으킨 교촌치킨의 성공사례가 틈새시장을 개척하여 돈방석에 앉은 경우다. 교촌치킨은 치킨시장에서 뿐 아니라 한국시장에서 단기간 전국적인 브랜드로 성장한 케이스다. 메뉴나 시설, 소스개발, 서비스 전략, 직원교육, 맛 등에서 확실한 차별성을 보여주지 못하면 고객의 마음을 사로잡을 수 없다. 아침저녁으로 빠르게 변화하는 소비자들의 마음을 사로잡을 수 없는 전략은 차별성, 색다른 느낌, 앞서가는 감각이어야 한다. 인천에 있는 커피 전문점 "커피빌"은 바로 차별성의 성공 케이스다. 이 곳 주변에는 유명한 스타벅스와 같은 커피 매장이 즐비하다. 그런데 그들 보다 유독 고객을 줄서게 하는 곳이 이곳 커피 빌이다. 물론 스타벅스 보다도 커피 값이 두 배 정도는 비싸다. 무엇이 이곳에 손님들이 줄을 서게 만드는가? 이는 바로 차별성에 있다. 커피 한 잔을 마셔도 품격과 세련된 분위기에 빠져들 수 있게 만든 시설 공간이 첫 번째 그 차별성이다. 그리고 무엇보다도 커피 맛을 고급화가 소비자들을 끌어들이는 성공요인이다. 국내에서 가장 비싼 커피전문점, 그리고 가장 커피를 많이 파는 커피빌의 성공요인은 차별성에 있다. 토종 브랜드로서 세계적인 스타벅스를 물리치고 고객 유치에 성공한 비결이 바로 "남과 같아서는 죽는다"는 경영철학의 성과라고 볼 수 있다.

5. 메뉴의 전문성을 살려라

"한 가지 메뉴만으로도 충분하다"
"메뉴가짓수가 많다고 성공하는 것은 아니다"
"독특하고 특별한 맛을 창조하라"
"메뉴개발이 모든 것이다"
"맛은 기본이다. 그런데 그 맛을 살리지 못하면 죽는다"

성공하는 업소는 한 가지 공통점이 있다. 그것은 메뉴개발에 시간과 비용을 엄청나게 투자한다는 것이다.. 이것이 메뉴의 특성화 전략인 셈이다. 처음부터 백화점식으로 20~30가지 메뉴를 늘어놓지 말고 주변 상권에 맞는 소량의 메뉴를 집중적으로 홍보하라. 소량이지만 집중적으로 투자하면 원가도 줄이고 맛도 낼 수 있으며, 고객도 만족할 것이다. 전문화시킬 수 있는 아이템을 개발하라.

시장에 걸어 다니는 청소년에서부터 할머니, 할아버지에 이르기까지 모든 고객이 나의 식당에 올 수 있는 고객이라는 생각을 가져서는 안 된다. 특정메뉴를 개발하여 특정계층의 고객을 끌어들일 수 있는 차별화전략이 요구된다. 외식업으로 성공한 사람들의 공통점은 한 가지 메뉴를 차별화 하여 승부를 걸었다는 점이다.

6. 시장을 알아야 성공이 보인다.

"시장은 생물과 같다. 늘 유동적이며 변한다"
"시장(Market)을 알아야 마케팅(Marketing)할 수 있다"
"시장의 흐름을 읽어야 고객이 보인다"
"고객이 모이는 곳이 돈이 모이는 곳이다"

메뉴가 결정되고 나면 다음은 시장이다. 즉 상권과 주변 입지를 철저히 분석해 나가는 것이다. 주변시장 상황을 철저히 분석하여 대응 전략을 마련해 나가야 한다. 창업은 기존시장에 침투하여 살아남든지, 신규참여를 배제할 수 있는 특성을 살려야 한다. 되도록 장사는 잘되는 동네에서 하는 게 낫다. 시장을 개척한다고 엉뚱한 곳에서 하면 문을 닫기 십상이다. 먹는 일이란 일상생활과 분리될 수 없는 연속선상에 있음을 기억하라.

음식은 유행에 민감하고 소비자의 기호에 크게 영향을 받는다. 고객의 라이프 스타일과 주변시장이 어떻게 변해 가는지 주목하라. 문제는 먹는 시장만큼 예민한 시장이 없다는 것이다. 날씨에 다라서, 그날의 기분에 따라서, 외식의 목적에 따라서, 누구와 외식하는가에 따라서, 혹은 누가 돈을 지불할 것인가에 따라서 메뉴선택이 달라지는 것이 외식업이기 때문이다. 따라서 시장동향을 철저히 분석하고 변화의 트랜드를 읽어나가는 것이 관건이라고 말할 수 있다.

7. 자기만의 사업 모델을 구축하라

"엉뚱할수록 고객의 눈에 쉽게 띈다"
"독특할수록 차별화가 가능하다"
"자기만의 특별함을 강조하라"

독특함이란 기존업소의 허점에서 찾을 수 있다. 구태의연한 서비스나 운영방식에 함께 굴러간다면 기존영업주를 도와주는 꼴이 된다. 창업은 늦었지만 신기술, 새로운 노하우를 펼 수 있는 아이디어가 필요하다.

열 가지 다양한 기술보다는 특성화시킬 수 있는 특출 난 한 가지 기술이 돈벌이가 된다. 나만의 노하우를 개발하라.

중국에서 대박을 터트리고 있는 변기 식당이 있다. 이곳은 인테리어나 식당의 모든 소품이 변기모양을 본 떠 만든 것이다. 먹는 것과 배설하는 것과는 상극으로 생각하는 소비심리를 뒤집은 역발상의 사례다. 엉뚱한 발상으로 돈 방석에 앉은 케이스다.

8. 창의적인 모방의 달인이 되라

혼자 힘으로 이룰 수 있는 것은 아무것도 없다. 컨설팅회사를 방문하지 않더라도 주위에 자문을 구할 수 있는 사람은 많다. 주방기기는 어떤 메이커가 좋은지, 식재료는 어디에서 구입하는 것이 유리한지, 종업원은 어떻게 관리해야 하는지 등 성공한 사람들을 만나 그들의 경험과 사례를 배우는 길이 성공으로 가는 길이다 외식업의 특성중이 하나는 모방이 쉽다는 것이다. 유태인 상술 중에 가난해도 부자의 줄에 서라는 말이 있다. 이는 성공한 사람들의 시행착오를 배우라는 갓이다. 5평 짜리 놀부보쌈으로 성공한 오진권 사장은 유명한 식당이나 색다르게 운영하는 업소가 있으면 반드시 방문해서 음식을 먹어보고 분석한다고 한다. 그리고 기존의 메뉴와 무엇이 다른지 왜 손님들이 이 식당을 방문하는지 그 이유를 분석하고 메뉴개발에 참고하여 시장을 읽어나간다고 한다.

창업은 돌다리도 두드린다는 심정으로 시간적인 여유를 갖고 충분한 시장조사와 사례를 분석하는 것이 바람직하다.

9. 위험을 최소화 할 수 있는 방법을 찾아라

창업자들에게 과욕은 금물이다. 많이 투자하면 많이 번다는 생각을 버려라. 백만장자들을 대상으로 연구하는 학자에 의하면 백만장자들이 갖고 있는 첫 번째 공통점은 백만장자 중에 86%는 빈손으로 시작한 사람들이라는 것이다. 세계적으로 외식업으로 성공한 사람들 모두가 빈손으로 시작한 사람들이다. 맥도날드를 창업한 레이크록은 50대 중반의 나이에 믹서기 세일즈맨을 하다 햄버거 가게에 뛰어들어 오늘날 전 세계 130개 나라에 3만 여개의 점포를 자랑하고 있다. KFC는 65세의 늦은 나이에 주유소를 운영하다 부도를 맞았으나 빈손으로 창업하여 오늘날 전 세계에서는 닭고기로는 돈을 제일 많이 버는 성장했다. 인천에서 88년도에 3평로로 출발한 투다리는 10년 만에 2000여개의 점포를 개척하여 세계적인 기업으로 성공한 케이스다. 투자금액이 많아야 한다거나 점포 규모가 커야 돈을 빨리 번다는 생각은 버려야 한다. 문제는 주어진 조건에서 얼마나 표준화시키고 자기 방식으로 독특하게 운영하는가의 문제다 .손익분기점에 쉽게 이르는 비결은 초기투자를 최소화하는 방법에 있다. 무리가 따르면 투자금액의 회수도 늦어지고 '빛 좋은 개살구' 꼴이 된다. 손실발생을 줄일 수 있는 방법, 금전적으로 안정을 찾을 수 있는 길을 찾아라.

짧은 시간에 많은 돈을 벌어야 한다는 생각을 버려라. 최소한 투자금액의 금리에 자신의 인건비만 건질 수 있다면 성공이라 생각하라.

10. 순발력과 유연성을 갖추어라

외식업계는 현금업종이므로 소비자들의 씀씀이가 결정적으로 영향을 미친다. 모든 사업이 마찬가지이지만 외식사업도 사이클이 있다. 일식업소의 경우는 여름철에 비브리오 패혈증이나 콜레라균, 식중독과 관련되기도 한다. 문제는 사이클의 주기를 최소화하고 대체할 수 있는 새로운 아이템의 메뉴를 개발하는 것이다. 먹는 장사만큼 변덕스러운 업종은 없다. 따라서 머리 좋은 사람보다는 시장환경의 변화에 적을 할 수 있는 유연성이 있는 사람이 성공률이 높다. 외식경영자를 괴롭히는 두 가지 문제는 주변 상권의 변화, 그리고 소비자들의 입맛 변화다. 이것은 경영자가 변화시킬 수 있는 무제가 아니고 환경 변화에 유연성을 갖고 대처해 나갈 수 밖에 없다. 신촌 현대백화점 뒤에서 아저씨네 낙지집을 운영하는 유민수 사장은 독특한 방식으로 운영하여 전국적으로 알려질 만큼 유명한 업소로 성장했으나 최근에는 주변에 낙지전문점들이 우후죽순 들어서면서 곤란을 겪고 있다. "조류 독감과 광우병 파동으로 많은 업소들이 갑자기 비교적 안전한 낙지전문점으로 메뉴를 바꾸면서 손님들의 발길이 갑자기 뚝 끊어 졌습니다. 고기파동으로 손님들이 늘어 날 줄 기대 했는데 예상치 못하게 낙지집이 주변에 들어서기 시작하면서 과거보다도 어려움을 겪고 있습니다" 유사장은 요즘 살아남기 위해 기존에 없던 신 메뉴를 개발하기 위해 동분서주 하고 있다. 먹는 시장은 예측할 수 없다. 갑자기 옆 가게에 나와 똑같은 대형 음식점이 들어 설 수 있다는 가정을 전제로 순발력과 유연성을 길러나가야 한다.

11. 반드시 성공하겠다는 승부근성을 갖어라

사업에는 승부근성이 뒷받침되어야 한다. 불가항력인 경우를 제외한 중도포기는 자살행위이다. 외식사업과 같은 소매업은 상권의 흐름을 잘 파악해야 하며, 유연하게 대처할 수 있는 기술이 필요하다. 또한 경영주의 철학이 곧 성패를 결정하는 요인임을 잊어서는 안 된다.

외식사업과 같은 개인사업의 성패를 좌우하는 것은 투자금액이나 업소의 규모에 좌우되는 것이 아니라 창업주의 마음에 달려 있다. 요즘처럼 어려운 시기에 사업에서 성공하려면 독종의식이 있어야 한다. 그저 단순히 운에 맡긴다면 불운이 먼저 찾아 올 수도 있다는 점을 명심해야 한다.

사업의 성패는 운칠기삼(運七技三)이 아니라 심칠뇌삼(心七腦三)에 있다. 창업마인드가 얼마나 중요한가를 엿볼 수 있다. 마음이 성패를 좌우하는 요인이 된다. 그래서 외식사업으로 성공한 사람들의 이야기를 들어보면 한결같이 성실하게 사업에 임할 것을 교훈처럼 들려준다.

이상 10 가지 창업 철학을 중심으로 외식사업 창업자로서 다음과 같이 자가진단을 해본다. 자신의 환경은 자신만이 가장 확실하게 알 수 있다. 창업자에게는 철저한 준비와 분석만이 살길이다. 퇴직자들을 중심으로 창업자의 70% 정도가 외식업을 선호하고 있다. 문제는 외식업 창업자중에서 성공률이 20%도 미치지 못한다는 점이다. 창업이 성공적으로 이루어지기 위해서는 창업자의 조건을 분석해야 한다. 비즈니스의 성패는 창업자의 자격요건과 자질에 좌우되기 때문이다. 현실에 대한 정확한 인식과 시장환경, 경쟁업체, 사업아이템에 대한 철저한 분석이 요구된다.

1 창업자의 자기 분석

	세부항목	자가평가				
		⑤	④	③	②	①
1. 창업자의 조건	① 창업에 대한 확고한 신념을 갖고 있다. ② 사업가로서 자질이 있다고 확신한다. ③ 평소 창업에 대한 관심을 가져왔다. ④ 기업가정신을 갖고 있다. ⑤ 창업하고자 하는 동일 혹은 유사업종에 근무한 경력이 있다. ⑥ 창업하고자 하는 분야와 전공이 일치한다. ⑦ 경영노하우가 충분하다. ⑧ 가족간에 적극적인 이해와 지원이 있다. ⑨ 영업부서에서 근무한 경력이 있다. ⑩ 과거 사업에서 성공한 경험이 있다. ⑪ 창업은 선택이지 궁여지책이 아니다. ⑫ 성공에 대한 확신을 갖고 있다. ⑬ 창업을 위한 충분한 준비를 해왔다. ⑭ 창업에 대한 개념을 갖고 있다. ⑮ 주변에 지원해 줄 수 있는 사람이 많이 있다.					
2. 사업계획서 작성	① 사업에 대하여 충분한 시장조사를 하였다. ② 객관적 시각에서 사업계획을 구상하고 있다. ③ 중장기적인 전략이 마련되어 있다. ④ 불확실성에 대한 대처능력이 있다. ⑤ 사업전략이 구체적이다. ⑥ 제3자에게 설득력이 있다. ⑦ 사업의 핵심적 요소가 강조되고 있다. ⑧ 지나친 주관적인 감정이 배제되어 있다. ⑨ 사업계획서의 중요성을 인식하고 있다. ⑩ 전문컨설턴트와 상의하여 작성하였다.					

항목	세부항목	자가평가				
		⑤	④	③	②	①
3. 사업아이템 분석	① 장래성이 있다. ② 수익성이 충분하다. ③ 틈새상품이다. ④ 차별성이 있다. ⑤ 일시적 유행업종은 아니다. ⑥ 자신의 적성에 맞는 업종이다. ⑦ 지속적인 성장이 가능하다. ⑧ 인력공급이 원활한 업종이다. ⑨ 정부의 규제나 간섭이 없다. ⑩ 시설, 투자비용이 적게 드는 업종이다.					
4. 입지, 상권 분석	① 지리적 발전 가능성이 있다. ② 유동인구가 늘어날 가능성이 있다. ③ 고정고객층이 형성되어 있다. ④ 주변에 동종 대형업소가 없다. ⑤ 틈새 마케팅 공략하기에 적합하다. ⑥ 교통시설이 편리하다. ⑦ 최근 성장하고 있는 상권이다. ⑧ 구상하고 있는 아이템을 충분히 소화해 낼 수 있는 상권이다. ⑨ 임대료나 권리금이 지나치게 높지 않다. ⑩ 신규고객이 늘어날 가능성이 있다.					
5. 자금분석	① 자기자금의 비율은 적정하다. ② 자금조달 능력은 현실성이 있다. ③ 현금흐름표를 작성하여 분석하고 있다. ④ 총소요 자금을 산출할 수 있다. ⑤ 자금투입시기를 예측할 수 있다. ⑥ 담보능력 및 신용한도는 적정하다. ⑦ 자금상환 능력이 충분히 있다. ⑧ 운전자금 및 시설자금을 구분하여 계획을 갖고 있다. ⑨ 메뉴계획과 연계한 자금계획을 갖고 있다. ⑩ 위험요소에 대비할 수 있는 자금능력을 갖고 있다.					

<table>
<tr><th rowspan="2">항목</th><th rowspan="2">세부항목</th><th colspan="5">자가평가</th></tr>
<tr><th>⑤</th><th>④</th><th>③</th><th>②</th><th>①</th></tr>
<tr><td>6. 타당성 분석</td><td>① 사업아이템에 대한 시장성이 있다.
② 목표시장이 뚜렷하고 명확하다.
③ 예상되는 위험요소를 파악하고 있다.
④ 전체시장 규모 중에서 취급하는 메뉴의 시장성을 파악하고 있다.
⑤ 틈새시장 공략과 신규고객창출이 가능하다.
⑥ 메뉴의 차별화 전략이 가능하다.
⑦ 수익예측 및 손익분기점을 파악하고 있다.
⑧ 수익성이 있고 성장가능성이 있다.
⑨ 사업추진 시기가 적절하다.
⑩ 비즈니스 마인드가 있고 객관적 시각에서 사업평가가 이루어지고 있다.</td><td></td><td></td><td></td><td></td><td></td></tr>
<tr><td>7. 마케팅 분석</td><td>① 광고, 판촉 계획이 잘 짜여져 있다.
② 접근성 및 홍보가능성이 있는 입지를 갖고 있다.
③ 단골고객관리 기법을 갖고 있다.
④ 고객만족 서비스 전략을 갖고 있다.
⑤ 차별화시킬 수 있는 서비스 전략을 구사하고 있다.
⑥ 위생마케팅 개념을 갖고 있다.
⑦ 시설환경이 뛰어나다.
⑧ 고객 트랜드에 맞는 메뉴개발전략을 갖고 있다.
⑨ 종업원 교육 프로그램을 운영하고 있다.
⑩ 경쟁력 있는 업소를 키워나갈 수 있는 마케팅지식을 갖고 있다.</td><td></td><td></td><td></td><td></td><td></td></tr>
</table>

※ 위 항목을 스스로 평가하여 4점 이상이면 창업성공확률이 높은 편이며 2.5 이하는 창업을 포기하는 것이 바람직하다.

외식업 창업의 네가지 차원

휴먼웨어 차원

직원채용, 인센티브
교육, 훈련, 책임부여
권한위임, 휴가제도
인건비 수준
접객능력향상

넷웨어 차원

금전등록기 설치
POS-SYSTEM
인터넷 마케팅
고객데이타베이스
관리

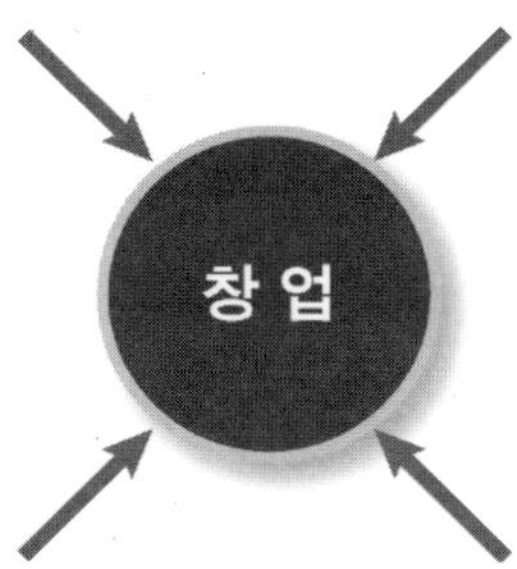

사업계획서 작성 요령

1. 업소현황

업 소 명			
대 표 자			
주 소			
창 업 일		직 원 수	
기 타			

2. 메뉴계획

- 메뉴는 외식업의 핵심이다.

  메뉴가 결정되어야 시설, 설비, 인건비, 운영비 등 제반여건이 결정된다.

취급메뉴		주력메뉴	
메뉴특성			
메뉴 가지 수			
판매가격 및 원가			
메뉴의 기대효과			
메뉴개발계획			

3. 시장현황

- 진출하고자 하는 상권의 시장 특성을 조사한다.

시장의 특성	지역의 용도 및 발전가능성을 기입한다.
유동인구의 크기	
동일메뉴 취급현황	
시장의 규모와 매출크기	
고객의 특성	직업, 외식빈도 등을 기입한다.
기 타 :	

4. 마케팅 계획

마케팅 전략	
마케팅 비용	
구체적인 방법	
가격정책	
고객관리 계획	
기 타 :	

5. 자금 계획

① 추정소요 자금계획

- 사업전반에 걸쳐 소요되는 중장기적인 소요자금을 계획한다.

내 역		금 액		
		1차년도	2차년도	3차년도
시설자금	• 토지 • 건물 • 시설 • 설비 • 인테리어			
운전자금	• 관리비 • 임금 • 판매비			

② 소요자금 조달계획

- 당해연도 창업시에 소요되는 자금으로 창업자금이라 부른다.

시설자금	자기자료	타인자료	합 계
• 토지·건물 • 시설·설비 • 인테리어			
운전자금			
• 관리비 • 임금 • 판매비			

6. 시설 투자계획

• 창업시 요구되는 주방기기, 인테리어 비용들을 분석하여 산출한다.

시설항목	금 액	비 고
토지구입 건물임대료 주방기기 인테리어 간판 차량구입 집기비품 시설·설비 기타		

7. 추정손익계획

구 분	내 역	비 고
총매출액		
매출원가		
매출총이익		
판매 및 관리비 인건비 복리후생비 수도광열비 임대료 광고선전비 보험료 잡비 소모품비		

통 신 비 기 타		
감 가 상 각 비		
이 자 비 용		
순 수 익		

8. 인원 계획

- 12개월 기준으로

구 분	인건비		비 고
	1차년도	2차년도	
총 책임자			
Hall 책임자 ·직원(남) ·직원(여)			
주방책임자 ·직원 1 ·직원 2 ·직원 3			
아르바이트			

창업시 주요 체크 포인트

제 1 단계 — 얼마를 투자할까
- 투자금액
- 자기자본조달능력
- 자본계획

제 2 단계 — 얼마를 투자할까
- 자신의 경험
- 취급능력
- 메뉴아이템 수, 가격
- 식재료 취급 동향

제 3 단계 — 어디서 창업할까
- 메뉴와 알맞는 목선정
- 주변시장의 조건
- 상권의 발전가능성

제 4 단계 — 사업계획 수립은
- 성공가능성
- 손익계산서
- 중장기 계획

제 5 단계 — 직원 문제는
- 직원 채용
- 교육, 훈련
- 인건비 책정

제 6 단계 — 모든 준비는
- 메뉴북 제작
- 판촉 준비
- 초청 인사

[시차별 창업 오픈 계획서]

기간 / 구분	D-3月				D-2月				D-1月			
	1주	2주	3주	4주	1주	2주	3주	4주	1주	2주	3주	4주
1. 사회계획서 작성 ① 사업목표 설정 ② 경영방침 설정 ③ 투자규모 ④ 컨설턴트 선정												
2. 입지조사 ① 경쟁업체 메뉴 ② 경쟁업체 마케팅 전략 ③ 매출액 / 침투가능성 ④ 점포설정 ⑤ 교통상황 ⑥ 경영환경 ⑦ 수요예측 ⑧ 채산성 ⑨ 정보 및 서비스 관계 ⑩ 법적 규제												
3. 회사설립 ① 회사명 결정 ② 브랜드 결정 ③ 로고 및 슬로건 결정 ④ 구비서류 준비 ⑤ 제 규정 확정												
4. 건축 · 인테리어 ① 설계 ② 주방면적 확정 ③ 지하 / 2층 사용 용도 결정 ④ 업자 선정 ⑤ 실외공사 • 간판												

구분 \ 기간	D-3月				D-2月				D-1月			
	1주	2주	3주	4주	1주	2주	3주	4주	1주	2주	3주	4주
• 입구 • 조경공사 • 디스플레이 공사 ⑥ 실내공사 • 전기공사 • POS SYSTEM • 의자·탁자 • 바닥공사 • 천장공사 • 냉·난방공사 • 유선공사 • 수도공사 • 가스공사 • 주방 급·배수공사 ⑦ 평면(단면)계획 • 동선계획 • 구조계획 • 설비계획 • 전기계획 • 방재계획 • 시공계획 ⑧ 설비공사 • 냉동기 설치 • 보일러 설치 • 급·배수 위생 설치 • 공기조절 설치 • 주방설비 및 기기 • 세탁장 설비 • 소화설비 및 가스설비 • 샤워장 설비												
5. 주방설비 ① 레이아웃 설정												

기간 구분	D-3月				D-2月				D-1月			
	1주	2주	3주	4주	1주	2주	3주	4주	1주	2주	3주	4주
② 주방면적 환경 ③ 보조주방 설치 ④ 주방 세부설계 ⑤ 주방기기 품목 작성 ⑥ 주방동선 확정 ⑦ 조리기기 선정 • 아이템/스페이스 결정 • 구매/설치 • 시운전/점검												
6. 계획서 작성 ① 표준사업 계획 • 총비용 파악 • 예상판매액 분석 • 중점전략 검토 ② 자금계획서 • 시설자금 파악 • 운전자금 파악 • 총비용 파악 • 자금조달 방법 • 자금소요처 파악 ③ 손익계산서 • 부분별 원가계산 • 예상매출액 산정 • 제세공과금 산정 ④ 판촉계획서 작성 • 판촉 일정·방법 • 판촉매체 • 예상예산 파악 • 이벤트 계획 • 개업판촉 방안												

기간 / 구분	D-3月				D-2月				D-1月			
	1주	2주	3주	4주	1주	2주	3주	4주	1주	2주	3주	4주
⑤ 일정계획서 • 오픈일정 확정 • 오픈스케줄 작성												
7. 메뉴 작성 ① 메뉴 컨셉트 결정 • 업종 업태별 결정 • 주메뉴 개발 ② 1차 메뉴 개발 • 메뉴종류 결정 • 디저트류 결정 • 신제품 시식 • 개선점 보완 ③ 메뉴 확정 ④ 메뉴가격 결정 • 객단가 결정 • 메뉴별 원가 분석 ⑤ 메뉴판 제작 • 메뉴촬영 • 메뉴북 작성 • 최종 점검 • 납품												
8. 매뉴얼작성 ① 표준 레시피 ② 주방업무 매뉴얼 ③ 교육 매뉴얼 ④ 설비/관리 매뉴얼 ⑤ 청소 매뉴얼 ⑥ 서비스 매뉴얼 ⑦ 마케팅 매뉴얼												

구분 \ 기간	D-3月				D-2月				D-1月			
	1주	2주	3주	4주	1주	2주	3주	4주	1주	2주	3주	4주
⑧ 기타 매뉴얼 ⑨ 매뉴얼북작성												
9. 교육훈련 ① 개정 대비 교육 • 교육교재 결정 • 교육일정 · 방법 • 강사 결정 • 교육내용 ② 서비스 교육 • 역할 연습 • 견학교육												
10. 제규정 교육 • 취업규칙 • 급여체계 • 인사규정 • 근무시간 결정 • 각종수장 결정 • 인센티브 결정 • 기타 규정 작성												
11. 조직 ① 조직도 확정 ② 주요멤버 총원 • 총매니저 • 관리지배인 • 총주방장 • 주방지배인 • 홀(hall)멤버 • 아르바이트 모집												

기간 구분	D-3月				D-2月				D-1月			
	1주	2주	3주	4주	1주	2주	3주	4주	1주	2주	3주	4주
12. 인쇄물 제작 ① 개업준비 인쇄 • 메뉴 • 전표 • 판촉성냥 • 종이냅킨 • 젓가락집 • 전단지 • DM • 간판 • 리셉션 초대장 ② 관리자료 • 영업일보 • 재고조사표 • 사입일람표 • 일일스케줄 • 매상일람표 • 메뉴분석표 • 시간대별 매상표 • 매상통계표 • 식재관리표 • 직업훈련표 • 노동시간 집계표 • 품목별 판매 현황												
13. 유니폼 ① 주방 관계 ② 홀 관계 ③ 파트별 관계												
14. 계수관계 ① 원가계산												

구분 \ 기간	D-3月				D-2月				D-1月			
	1주	2주	3주	4주	1주	2주	3주	4주	1주	2주	3주	4주
② 판매가												
③ 손익분기점 산출												
④ 식재료 단가												
⑤ 손익계산서												
⑥ 대차대조표												
⑦ 자금운영표												
⑧ 향후 3년 자금계획서												
⑨ 경영 분석												
⑩ 기타												
15. 디자인/색상												
① 디자인												
• 로고												
• 유니폼												
• 간판												
• 전단 메뉴판												
② 색상												
16. 비품 구입												
① 인쇄물												
• 메뉴북												
• Cover												
• 성냥												
• 전표 · 장부												
② 일반												
• 물수건												
• 찻잔												
• 구두주걱												
• 우산걸이												
• 옷걸이												
• 방석												
• 슬리퍼												

기간 구분	D-3月				D-2月				D-1月			
	1주	2주	3주	4주	1주	2주	3주	4주	1주	2주	3주	4주
③ 청소용구 • 빗자루 · 쓰레받기 • 청소기 • 홀 · 주방 용구 • 화장실 용구 • 주차장 용구 ④ 장식물 • 화분 • 벽그림 • 꽃꽂이 ⑤ 레지스터 용구 • 잔돈접시 • 전표꽂이 • roll paper ⑥ 리셉션 관계 • 방명록 • 펜 • 기념품 • 명부리스트												
17. 인 · 허가사항 ① 위생교육 ② 영업허가 신청서 ③ 시설배치도 ④ LPG사용 신고서 ⑤ 유 / 무선 도선사업 • 면허증 또는 신고필증 ⑥ 전문 관광외식업 신청 • 한국관광협회 • 지정신청서 • 법인 등기부 등본												

구분 \ 기간	D-3月				D-2月				D-1月			
	1주	2주	3주	4주	1주	2주	3주	4주	1주	2주	3주	4주
• 기타												
⑦ 보건증												
⑧ 카드가맹점 등록												
⑨ 사업자등록증												
⑩ 간판설치하기												
⑪ 기타												
18. 판촉기획												
① 점내 판촉												
• pop 광고												
• 전단												
• 포스터												
• 휘장												
• 인테리어												
• 음악												
• 조명												
• 건축												
② 점외 판촉												
• 신문												
• 잡지												
• 케이블 텔레비전												
• 버스·지하철												
• 간판광고												
• 카탈로그												
• 성냥												
• 서비스권												
• 쿠폰												
• DM엽서												
• 전단												
• 이벤트												
• 현수막												

구분 \ 기간	D-3月				D-2月				D-1月			
	1주	2주	3주	4주	1주	2주	3주	4주	1주	2주	3주	4주
• 현수막 • 시식행사 ③ 판촉행사 일시 ④ 목적 ⑤ 대상고객 ⑥ 타깃메뉴 ⑦ 비용 ⑧ 방법 ⑨ 매체 선택 ⑩ 판촉물 제작업체 선정												
19. 오픈 리허설 ① 리허설 일정 / 방법 ② 초대자선정 ③ 평가분석 ④ 시식메뉴 범위 ⑤ 범위, 수정 ⑥ 기념품 준비 ⑦ 문제점발굴 ⑧ 기타 이벤트												
20. 오픈 후 작업 ① 고객관리 ② 월·연 판촉계획 ③ 중장기 자금계획 ④ 메뉴 ABC분석 ⑤ 거래처 관리 ⑥ 직원교육												

[신규사업 개요]

<table>
<tr><td colspan="2">대 표 자</td><td colspan="4"></td></tr>
<tr><td colspan="2">점포 소재지</td><td colspan="2"></td><td>규 모</td><td>평</td></tr>
<tr><td rowspan="3">점포임대</td><td>자기 건물</td><td colspan="2"></td><td rowspan="3">계약</td><td rowspan="3">년</td></tr>
<tr><td>보 증 금</td><td colspan="2"></td></tr>
<tr><td>임 대 료</td><td colspan="2"></td></tr>
<tr><td colspan="2">업 종 · 업 태</td><td></td><td>타깃
대상</td><td colspan="2"></td></tr>
<tr><td colspan="2">오 픈 예 정</td><td></td><td>점포
컨셉</td><td colspan="2"></td></tr>
<tr><td colspan="2">입지조건
및 상권</td><td colspan="4"></td></tr>
<tr><td rowspan="15">개점 전 자금</td><td>건 물</td><td colspan="4"></td></tr>
<tr><td>설 비</td><td colspan="4"></td></tr>
<tr><td>설 계 비</td><td colspan="4"></td></tr>
<tr><td>전기 공사</td><td colspan="4"></td></tr>
<tr><td>Pos System</td><td colspan="4"></td></tr>
<tr><td>보 증 금</td><td colspan="4"></td></tr>
<tr><td>중개수수료</td><td colspan="4"></td></tr>
<tr><td>인 테 리 어</td><td colspan="4"></td></tr>
<tr><td>비품/소모품비</td><td colspan="4"></td></tr>
<tr><td>주 방 기 기</td><td colspan="4"></td></tr>
<tr><td>개 점 비 용</td><td colspan="4"></td></tr>
<tr><td>제 경 비</td><td colspan="4"></td></tr>
<tr><td>인 건 비</td><td colspan="4"></td></tr>
<tr><td>개 발 비</td><td colspan="4"></td></tr>
<tr><td>합 계</td><td colspan="4"></td></tr>
</table>

[입지조사 체크리스트]

구분 \ 항목		1차 상권	2차 상권	비 고
고객동향 조사	세대수			
	인구수			
	직업 분포			
	주거 형태			
	소비 형태			
	유동인구수			
	교육수준			
	외식빈도			
	외식비 지출 정도			
	세대당 가족수			
	소득수준			
경쟁점포 조사	매출액			
	종업원 1인당 매출액			
	매장면적			
	종업원수			
	업소 영업일수			
	메뉴분석(내용)			
	타깃고객			
	메뉴가격			
	객단가			
	주고객층			
	마케팅전략			
	판촉비용			
	고객관리 방법			
접근가능성 파악	주차장시설			

<table>
<tr><th colspan="2">구분 \ 항목</th><th></th><th>1차 상권</th><th>2차 상권</th><th>비 고</th></tr>
<tr><td colspan="2" rowspan="8">접근가능성 파악</td><td>정류장</td><td></td><td></td><td></td></tr>
<tr><td>지하철 통로</td><td></td><td></td><td></td></tr>
<tr><td>보행도로 상황</td><td></td><td></td><td></td></tr>
<tr><td>차량의 통행 방향</td><td></td><td></td><td></td></tr>
<tr><td>건널목</td><td></td><td></td><td></td></tr>
<tr><td>교통신호 체계</td><td></td><td></td><td></td></tr>
<tr><td>입지유형</td><td></td><td></td><td></td></tr>
<tr><td>지리적 발전 전망</td><td></td><td></td><td></td></tr>
<tr><td colspan="2" rowspan="5">점포의 홍보가능성 파악</td><td>점포의 위치</td><td></td><td></td><td></td></tr>
<tr><td>간판의 크기</td><td></td><td></td><td></td></tr>
<tr><td>입주 건물의 크기</td><td></td><td></td><td></td></tr>
<tr><td>보행로와의 거리</td><td></td><td></td><td></td></tr>
<tr><td>점포 형태</td><td></td><td></td><td></td></tr>
<tr><td rowspan="13">주변 지역의 기능 파악</td><td rowspan="5">국토이용 관리법상 지역</td><td>도시지역</td><td></td><td></td><td></td></tr>
<tr><td>준도시지역</td><td></td><td></td><td></td></tr>
<tr><td>농림지역</td><td></td><td></td><td></td></tr>
<tr><td>준농림지역</td><td></td><td></td><td></td></tr>
<tr><td>자연환경보전지역</td><td></td><td></td><td></td></tr>
<tr><td rowspan="4">도시계획 법상지역</td><td>주거지역</td><td></td><td></td><td></td></tr>
<tr><td>상업지역</td><td></td><td></td><td></td></tr>
<tr><td>공업지역</td><td></td><td></td><td></td></tr>
<tr><td>녹지지역</td><td></td><td></td><td></td></tr>
<tr><td rowspan="4">도시계획 법상지구</td><td>풍치지구</td><td></td><td></td><td></td></tr>
<tr><td>미관지구</td><td></td><td></td><td></td></tr>
<tr><td>고도지구</td><td></td><td></td><td></td></tr>
<tr><td>방화지구</td><td></td><td></td><td></td></tr>
</table>

구분		항목	1차 상권	2차 상권	비 고
주변 지역의 기능 파악	도시계획 법상지구	공항지구			
		시설보호지구			
		보존지구			
		도시설계지구			
		아파트지구			
		방재지구			
		위락지구			
		자연취락지구			
	도시계획 법상지역	특정시설 제한지역			
		시가화 조정구역			
		택지개발 예정지구			
		공업단지			
		재개발구역			
		광역계획구역			
		개발제한구역			
		도시개발 예정구역			
도소매업 및 음식 숙박업 현황	소매업	사업체수			
		종업원수			
		판매액			
		업체당 매출액			
		종업원 1인당 매출액			
		판매액			
	음식업	종업원수			
		업체당 매출액			
		종업원 1인당 매출액			
		주민 1인당 판매액			

<table>
<tr><th colspan="3">항목 / 구분</th><th>1차 상권</th><th>2차 상권</th><th>비 고</th></tr>
<tr><td rowspan="6">도소매업 및 음식숙박업 현황</td><td rowspan="3">도매업</td><td>사업체수</td><td></td><td></td><td></td></tr>
<tr><td>종업원수</td><td></td><td></td><td></td></tr>
<tr><td>판매액</td><td></td><td></td><td></td></tr>
<tr><td rowspan="3">숙박업</td><td>사업체수</td><td></td><td></td><td></td></tr>
<tr><td>종업원수</td><td></td><td></td><td></td></tr>
<tr><td>판매액</td><td></td><td></td><td></td></tr>
</table>

[자금계획서]

1. 자금운영

(단위 : 만 원)

구 분		금 액	비 고
부지매입(임대)			
건축			
부대건물			
인테리어			
시설자금	주방시설		
	주방기기		
	기타		
운전자금	인건비		
	식재료비		
	제과공과금		
	기타		
합계			

2. 자금조달 계획

(단위 : 만 원)

구 분		시설자금	운전자금	비 고
자기 자금				
타인자금	금융기관			
	기타			
합 계				

3. 자금상환 계획

(단위 : 만 원)

자금 조달 상황		차입조건		상환점	
자기자금		금리		초년도	
차입금		상환기간		2차년도부터	
합계		거치기간		감가상각비	

4. 개점 후 자금규모(추정)

(단위 : 만 원)

구 분		금 액	비 고
임대료			
리스, 보험료			
인건비			
지급이자			
감가상각비			
식재료비			
제공과금	수도광열비		
	광고선전비		
	수선비		
	구인광고비		
	통신운반비		
	비품비		
	차량유지비		
	소모품비		
	세금, 공과금		
	잡비		
	합계		

5. 손익계산서 (단위 : 원)

<table>
<tr><th colspan="2" rowspan="2">연도별
항목</th><th colspan="2">1차년도 월평균</th><th colspan="2">2차년도 월평균</th><th colspan="2">3차년도 월평균</th><th>비고</th></tr>
<tr><th>금액</th><th>%</th><th>금액</th><th>%</th><th>금액</th><th>%</th><th></th></tr>
<tr><td colspan="2">매 출 액</td><td></td><td></td><td></td><td></td><td></td><td></td><td></td></tr>
<tr><td colspan="2">매 출 원 가</td><td></td><td></td><td></td><td></td><td></td><td></td><td></td></tr>
<tr><td colspan="2">매 출 이 익</td><td></td><td></td><td></td><td></td><td></td><td></td><td></td></tr>
<tr><td colspan="2">영 업 비</td><td></td><td></td><td></td><td></td><td></td><td></td><td></td></tr>
<tr><td colspan="2">인 건 비</td><td></td><td></td><td></td><td></td><td></td><td></td><td></td></tr>
<tr><td colspan="2">수 도 광 열 비</td><td></td><td></td><td></td><td></td><td></td><td></td><td></td></tr>
<tr><td colspan="2">연 료 비</td><td></td><td></td><td></td><td></td><td></td><td></td><td></td></tr>
<tr><td colspan="2">월 임 차 료</td><td></td><td></td><td></td><td></td><td></td><td></td><td></td></tr>
<tr><td colspan="2">감 가 상 각 비</td><td></td><td></td><td></td><td></td><td></td><td></td><td></td></tr>
<tr><td colspan="2">영 업 잡 비</td><td></td><td></td><td></td><td></td><td></td><td></td><td></td></tr>
<tr><td colspan="2">영 업 이 익</td><td></td><td></td><td></td><td></td><td></td><td></td><td></td></tr>
<tr><td colspan="2">투 자 금 리</td><td></td><td></td><td></td><td></td><td></td><td></td><td></td></tr>
<tr><td colspan="2">세전경상이익</td><td></td><td></td><td></td><td></td><td></td><td></td><td></td></tr>
<tr><td colspan="9"></td></tr>
<tr><td rowspan="2">BEP
매출</td><td>영업이익</td><td colspan="2">월매출: 원
일매출: 원</td><td colspan="2">월매출: 원
일매출: 원</td><td colspan="2">월매출: 원
일매출: 원</td><td></td></tr>
<tr><td>경상이익</td><td colspan="2">월매출: 원
일매출: 원</td><td colspan="2">월매출: 원
일매출: 원</td><td colspan="2">월매출: 원
일매출: 원</td><td></td></tr>
</table>

CHAPTER 2

외식사업 창업 실무론

1. 외식산업의 창업과 경영전망을 제시해 보라

→ 1. 국내외식시장의 전망은 이렇게 생각한다.

→ 2. 많은 사람들이 외식사업을 창업하는 배경은 무엇이라고 생각하는가?

→ 3. 창업자로서 외식사업에 대한 비전을 제시해 보라

→ 4. 현재 국내 외식시장은 불황인가 호황인가, 창업 아이템으로서 외식시장을 진단해 보라

→ 5. 창업자의 절반 이상이 외식사업을 창업하고 있다. 그 이유는 무엇이라고 생각하는가?

2. 외식사업 창업- 경영로드맵을 제시해 보라

➔ 1. 외식업이 창업아이템으로서 매력은 무엇인가

➔ 2. 어떤 방식으로 차별화가 가능하다고 확신하는가?

→ 3. 창업 후 1년 안에 이룰 수 있는 것은 무엇이라고 생각하는가? 우선 경제적 목표를 제시하라

→ 4. 창업은 모험일 수도 있다. 실패하면 막대한 경제적 손실을 가져오기 때문이다. 성공할 수 있다는 확신은 무엇에 근거한 것인가.

→ 5. 이미 성공한 외식사업 CEO가 되었다고 가정하고 자신의 사업을 설명해 보라. 많은 사람들이 당신의 브랜드에 투자하여 가맹점을 열기로 마음먹고 몰려들고 있다고 가정하라.

3. 창업 메뉴 아이템 선정을 분석하라

→ 1. 창업 아이템의 시장성은 어떠한가?

→ 2. 굳이 그 아이템을 창업하기로 결정한 이유는 무엇인가?

→ 3. 창업아이템에 대한 주변 사람들이나 소비자들의 반응은 어떠한가?

→ 4. 창업 아이템은 시장에서 도입기 메뉴인가, 인기 메뉴인가, 아니면 성장 잠재성이 있는 메뉴인가, 그리고 그 메뉴의 전망을 제시하라

→ 5. 기존의 경제업체와 비교할 때 당신이 창업하고자 하는 메뉴는 경쟁력이 있는가? 그 경쟁력의 포인트는 무엇이라고 생각하는가?

4. 입지, 상권을 분석하라

→ 1. 굳이 그곳에서 창업하게 된 배경은 무엇인가. 입지, 상권의 특성을 설명해 보라.

→ 2. 창업 예정지의 입지, 상권 주변의 경쟁 업소를 분석하고 대응 전략을 제시해 보라

➔ 3. 유동인구는 어느 정도인가. 시간 대 별로 유동인구의 크기를 분석해 보라

➔ 4. 가장 많은 이동이 예상되는 고객층은 누구인가. 주요 고객층의 소비패턴을 설명해 보라

➔ 5. 입지, 상권의 지리적 발전 가능성과 가장 경쟁력이 있는 점포를 조사하여 그 점포의 특성이 무엇인지 분석해 보라

5. 고객관리 전략을 점검하라

➔ 1. 창업메뉴의 잠재고객은 어느 계층이며 그 이유는 무엇인가?

➔ 2. 요즘 고객은 차별화된 경영 기법을 좋아한다. 어떻게 차별화된 전략으로 고객을 끌어 들일 것인가?

→ 3. 고객을 지속적으로 방문할 수 있는 전략은 무엇인가? 고객에게 어떠한 인센티브를 제공할 것인가를 제시해 보라.

→ 4. 창업 초기에 어떻게 고객을 유치할 계획인가? 홍보 전략을 제시해 보라.

→ 5. 고객만족 헌장을 만들어 보라. 고객을 존중하고 고객이 사업에 얼마나 중요한 가치가 있는가, 고객을 자산관리 차원에서 그 중요성을 중심으로 만들어라

6. 창업에서 성공할 수 있는 마케팅 전략의 틀을 제시해 보라

→ 1. 창업초기의 마케팅 전략을 제시해 보라.

→ 2. 창업초기와 6개월, 1년 단위로 나누어 마케팅 도구와 예상되는 비용을 산출해 제시해 보라.

→ 3. 외식사업은 서비스업이다. 기존의 4P(Product, Price, Place, Promotion)만으로는 부족하다. 여기에 3P, 즉 참여자(Participants),사람(People), 서비스 생상과정(Process of service)이 요구된다. 이들 각각의 전략을 제시해 보라.

→ 4. 외식사업 마케팅에서 큰 비중을 차지하는 것이 바로 프로모션(Promotion)전략이다. 프로모션전략을 정의해 보고 어떻게 구사해 나갈 것이지 전략을 제시해 보라

- 홍보(Publicity)

- 광고(Advertising)

- 판매촉진(Sales promotion)

- 인적판매(Personal selling)

→ 5. 가장 성공적인 외식업소를 선정하여 그 업소의 마케팅 특성은 무엇이지 분석하고 토론해 보라. 또한 그 마케팅을 당신의 사업에 어떻게 응용할 수 있는지 제시해 보라.

→ 6. 성수기와 비수기에 적용할 수 있는 외식사업 마케팅에는 무엇이 있는지 검토해 보고 창업하고자 하는 메뉴에 맞는 전략을 제시해 보라.

➔ 7. 가장 적은 비용으로 가장 확실한 효과를 거둘 수 있는 외식사업 마케팅은 무엇일까? 그 방법을 제시해 보고 그 효과에 대하여 토론해 보라.

7. 고객을 잡아라. 어떻게 서비스 할 것인가 그 방법을 제시하라.

➔ 어떤 언어를 구사할 것인가. 언어는 서비스의 생명이다.

→ 2. 무엇을 고객에게 덤으로 줄 것인가?

→ 3. 한 번 방문한 고객을 또 방문하게 만드는 비결은 무엇인지 제시해 보라.

→ 4. 외식사업의 CEO로서 당신의 서비스 철학을 제시해 보라.

→ 5. 맛 보다는 서비스가 중시되는 시대로 가고 있다. 맛은 모방 할 수 있지만 차별화는 서비스에서 가능하기 때문이다. 이 처럼 외식사업에서 서비스가 중시되는 이유를 제시해 보라.

8. 유머로 고객을 즐겁게 하라

→ 1. 21세기는 감성의 시대다. 어떻게 고객과 가까워 질 수 있을 것인가. 이것이 외식사업의 성패를 좌우한다. 감성시대 고객의 외식성향을 말해 보라.

→ 2. 외식사업은 이제 맛과 서비스를 파는 산업이 아니라 감성을 파는 사업으로 변해가고 있다. 감성산업으로서 외식사업의 특성을 제시해 보라.

→ 3. 메뉴만으로는 부족하다. 외식창업자의 감성리더십이 뒷받침되어야 한다. 창업자로서 당신의 감성리더십을 말해 보라.

→ 4. 외식업소에서 활용할 수 있는 유머서비스 기법에는 무엇이 있는가. 시례를 들어 설명하라.

→ 5. 고객에게 나눌 수 있는 유머를 세 가지만 제시해 보라.

9. 창업자로서 자신의 환경을 분석하라

➔ 1. 자신의 창업철학을 제시해 보라.

➔ 2. 자신의 적성과 그동안의 사회적 경험을 외식사업과 관련하여 제시해 보라.

→ 3. 자신이 외식사업 창업자로서 성공 가능한 요인에는 무엇이 있는가?

→ 4. 외식사업에 대한 전문지식은 어느 정도인가 이를 제시해 보라

→ 5. SWOT분석 기법에 의하여 자신의 창업을 분석해 보고 바람직한 대안을 제시해 보라.

10. 위생관리 시스템을 도입하라

→ 1. 외식사업에서 위생관리의 포인트는 무엇인가. 그리고 위생관리의 중요성을 제시해 보라.

→ 2. 식품위생 법 상 영업자 준수사항은 어떤 내용을 담고 있는가. 이를 제시해 보라.

→ 3. 주방 종사원의 개인관리 위생지침에는 무엇이 있는지 제시해 보라.

→ 4. 이제는 친절 서비스가 아니라 위생 서비스가 중시되고 있다. 식생활 문화 수준과 위생 서비스의 관계를 제시해 보라.

→ 5. 식중독 사고는 외식업계의 복병이다. 식중독의 원인과 종류를 제시해 보라.

→ 6. 어느 기업이나 가정, 업소를 방문 할 때 그 화장실을 보면 어떻게 손님을 대하고 있는가를 알 수 있다. 당신은 외식사업 창업자로서 서비스와 위생의 가장 중요한 포인트인 화장실을 어떻게 관리할 계획을 갖고 있는지 제시해 보라.

11. 창업하고자 하는 메뉴상품의 특성과 관리 기법을 제시하라

→ 1. 메뉴를 선택한 동기는 구체적으로 무엇인가?

→ 2. 창업하고자 하는 메뉴가 갖는 장점은 무엇인가?

→ 3. 메뉴가지수와 부 메뉴 등을 설명하고 원가구조를 분석해 보라.

→ 4. 창업하고자 하는 메뉴로 성공한 업소는 어떤 업소이며 그 업소의 메뉴가 성공하게 된 가장 큰 이유는 무엇이라고 생각하는가?

→ 5. 메뉴개발은 곧 소스개발이다. 창업하고자 하는 메뉴가 갖는 소스의 특성과 차별성은 무엇인가?

12. 자금계획서를 검토하라

→ 1. 창업 시 소요되는 총 자금은 어느 정도 규모인가?

→ 2. 지금을 어떻게 모을 계획인가? 자기자금과 타인자금을 구분하여 분석하라.

→ 3. 초기 6개월간의 인건비 지출과 판촉비용, 관리 비용을 추정해 보라.

→ 4. 소요되는 자금을 인테리어, 간판, 주방기기, 임대료 등으로 나누어 분석해 보라.

➔ 5. 예상되는 손익분기점의 시기는 창업 후 언제로 잡고 있는가?

13. 직원관리 계획을 분석하라

➔ 1. 총 소요되는 직원 수는 어느 정도이며 예상되는 인건비는 얼마인가?

→ 2. 창업멤버는 구체적으로 누구이며 그들이 갖는 외식사업 운영경헌과 노하우는 어느 정도인가를 분서하라.

→ 3. 주방과 홀, 판촉과 관리 등으로 인원계획을 세부적으로 구분하고 이들을 어떻게 교육/훈련시킬 것인가를 분석하라.

→ 4. 인사관리 매뉴얼을 만들어 보고 성공적인 업소의 인사관리 시스템을 분석해 보라.

→ 5. 인건비 지출 외에 직원들의 사기를 올릴 수 있는 인센티브제나 복리후생제도는 어떻게 할 것인지 분석해 보라.

14. 식재료 관리 기법을 점검하라

→ 1. 창업하고자 하는 메뉴의 식재료 종류를 나열해 보라.

→ 2. 식재료 구매 시장 리스트를 제시해 보라. 그리고 시장 별 거래처별 원가와 가격 경쟁력을 분석해 보라.

→ 3. 식재료 구매 관리의 기법을 제시해 보라

→ 4. 식재료는 원가관리가 생명이다. 원가관리 방법을 제시해 보라.

➔ 5. 재료는 잘 못 관리하면 낭비요인이 된다. 재고관리 기법을 제시해 보라.

➔ 6. 좋은 식재료는 구매가 중요한 것이 아니다. 제대로 저장하는 기법이 중요하다. 식재료 저장관리 기법을 제시해 보라.

15. 운명 매뉴얼을 작성하라

→ 1. 주방관리 매뉴얼을 제시해 보라.

→ 2. 판촉, 마케팅 관리 매뉴얼을 제시해 보라

→ 3. 고객관리 서비스 매뉴얼을 만들어라.

→ 4. 청소관리 매뉴얼을 만들어라.

→ 5. 표준 조리법을 제시해 보라.

➔ 6. 인사관리 매뉴얼을 만들어 보라.

16. 감성경영 기법을 분석하라

➔ 1. 외식서비스업을 경영함에 있어 감성의 가치를 제시해 보라.

→ 2. 외식사업은 단지 음식을 파는 것이 아니다. 이제는 감성을 팔아야 한다. 어떻게 감성경영을 해 나갈 것인지 감성경영 전략을 제시해 보라.

→ 3. 감성과 서비스의 차이점과 고객관리차원에서 필요성을 제시해 보라.

→ 4. 주변 업소를 둘러보고 감성경영을 잘하는 업소를 찾아보라. 그리고 그 업소의 감성경영 기법을 분석해 보라.

→ 5. 감성경영에서는 고객이 점포에 머무르는 체험이 중시되고 있다. 고객이 좋은 체험을 하고 갈 수 있는 기법에는 무엇이 있는지 제시해 보라.

17. 점포관리 기법을 분석해 보라

→ 1. 인테리어를 할 때 가장 먼저 신경 써야 할 부분은 무엇인가?

→ 2. 창업하고자 하는 메뉴의 특성상 어떤 점포 분위기를 창출해 내는 것이 바람직하다고 생각하는가? 그 이유를 제시해 보라.

→ 3. 인테리어색상과 가격정도를 제시해 보고 차별화 차원에서 장단점을 제시해 보라.

→ 4. 간판의 크기와 가격 정도, 색상, 형태, 디자인 등을 상세히 제시해 보라.

→ 5. 시각적인 효과를 노릴 수 있는 실내 장식물은 무엇이 있는가? 메뉴, 고객층과 연관시켜 가장 효율적인 성과를 낼 수 있는 기법을 제시해 보라.

18. 창업가는 이제 CEO다. CEO로서 갖추어야 할 리더십을 분석해 보라

→ 1. 자신이 외식업 창업가로서 적합한 이유는 무엇이라고 생각하는가?

→ 2. 창업가로서 부족한 점은 무엇인지 점검해 보고 이를 보완할 수 있는 대비책을 강구하라.

→ 3. 자신이 성공할 수 있는 이유를 10가지만 제시해 보라.

→ 4. 창업 후 자신의 Life plan을 10년 단위로 세워 보라.

→ 5. 자신의 창업 리더십을 SWOT기법에 의하여 제시해 보라.

19. 외식시장의 트렌드를 분석하라

→ 1. 요즘 가장 뜨는 메뉴는 무엇인가? 그리고 왜 그런 메뉴가 인기가 있다고 생각하는가?

➔ 2. 요즘 한 때는 잘나가던 메뉴가 시장에서 사라지는 메뉴는 무엇인가. 그 이유를 분석해 보라.

➔ 3. 소비자들은 왜 퓨전 음식에 관심을 갖는가? 그 이유를 제시해 보라.

➔ 4. 소비자들의 입맛은 점차 개성화 되어가는 추세다. 음식 맛이 개성화되어가는 것은 사회적인 현상이며 소비자들의 가치관의 변화에서 비롯된다. 대응전략을 제시해 보라.

→ 5. 창업시장에서 웰빙식이 큰 주류를 이루고 있다. 소비자들이 가장 선호하는 웰빙 메뉴를 분석해 보고 그 이유를 말해 보라.

→ 6. 창업은 간단하고 단순해야 하며 투자비용이 적게 들고 인기 있는 메뉴를 선택해야 성공률리 높다. 그러나 이런 메뉴를 선택하는 것 또한 쉬운 일은 아니다. 이 처럼 성공한 업소를 예를 들어 보라.

20. 외식사업의 특성을 분석하라

→ 1. 제조업에 비하여 입지에 대한 의존도가 높다. 대응방안을 제시해 보라.

→ 2. 외식업은 체인화가 쉬운 업종이다. 체인화 시킬 수 있는 비결은 무엇인지 제시해 보라.

➔ 3. 외식업은 노동집약적인 업종이다. 이는 상대적으로 인거비의 비중이 크다는 것을 말한다. 인건비를 적절히 관리하고 인력을 효율적으로 운영할 수 있는 방안을 제시해 보라.

➔ 4. 외식업은 소비자의 기호가 큰 영향을 받는다. 이응 소비자의 입맛이 변하면 메뉴를 바꿔줘야 한다는 것을 말한다. 수시로 바뀌는 소비자들의 기호변화에 대처하고 안정적으로 업소를 운영할 수 있는 방안을 제시해 보라.

→ 5. 외식업의 특성은 독점 기업이 존재하지 않는다는 것이다. 이는 누구나 쉽게 성공할 수 있는 장점이기도 하다. 이런 특성을 살려 체인화 시 킬 수 있고 대 성공을 거둘 수도 있다. 그 방안을 제시해 보라.

21. 창업에 도움이 되는 성공한 업소를 분석하라

→ 1. 벤치마킹 업소의 강점은 무엇인가?

→ 2. 벤치마킹 업소의 메뉴의 특성과 가격대를 분석하라.

→ 3. 벤치마킹 업소의 고객관리 기법은 무엇인가?

→ 4. 벤치마킹 업소의 경영자의 기업가 정신과 경영철학을 말해 보라.

→ 5. 벤치마킹 업소의 주방장의 특성과 그의 능력을 분석해 보라.

22. 서비스 전략을 10s차원에서 분석해 보라

→ 1. 서비스에서 Smile의 의미를 말해 보라. 그리고 어떻게 하면 늘 웃는 모습을 유지할 수 있을 지 그 비결을 제시해 보라.

➔ 2. 서비스의 흐름은 단순하고 간단해야 한다.Simple의 의미를 말해 보라 . 단순하며 간단한 것은 더 어렵고 힘들다. 이를 잘 할 수 있는 방법을 제시해 보라.

➔ 3. 서비스맨은 용모가 깨끗하고 외모관리를 잘 해야 한다. Smart의 의미를 말해 보라. 그리고 외모관리의 원칙을 제시해 보라.

➔ 4. 서비스맨은 살아 있는 감각을 유지해야 한다. Sense의 의미를 말해 보라. 생동감 있고 센스 있는 서비스를 유지하는 비결을 제시해 보라.

➔ 5. 서비스맨은 간단하고 명료하게 말해야 한다. Short의 의미를 말해 보라. 간단하며 정확하게 말하는 습관은 중요하다. 어떻게 그렇게 할 수 있는지 그 비결을 제시해 보라.

➔ 6. 서비스는 늘 달콤하고 꿀맛 나는 것이어야 한다. Sweet의 의미를 말해 보라. 달콤한 서비스는 어떠해야 하는지 그 비결을 말해 보라.

➔ 7. 서비스는 신속하고 정확해야 한다. Speed의 의미를 말해 보라. 신속하며 정확하기 위해서는 고도의 훈련이 필요하다. 어떻게 직원들을 교육 시킬 계획인가?

→ 8. 서비스맨은 늘 성실하고 근면해야 한다. Sincerity의 의미를 말해 보라. 서비스는 성실함에서 나오지 머리에서 나오는 것이 아니라는 말이다.

→ 9. 서비스는 고객의 안전과 비밀을 보장해야 한다. Safety의 의미를 말해 보라. 외식 업소에서의 고객의 비밀 보장은 어떤 것들이 있는지 제시해 보라.

→ 10. 서비스맨은 을 배우고 익히며 새로운 기법을 터득해 나가야 한다. Study의 의미를 말해 보라. 경영자로서의 자기학습의 계획을 말해 보라.

23. 고객만족도를 정기적으로 분석하라

→ 1. 직원태도에 대한 평가는?

→ 2. 음식 맛에 대한 평가는?

→ 3. 위생, 청결에 대한 평가는?

→ 4. 직원들이 사용하는 언어에 대한 평가는?

→ 5. 전반적인 서비스에 대한 평가는?

→ 6. 주차시설에 대한 평가는?

→ 7. 음식 가격정도에 대한 평가는?

→ 8. 고객에 대한 사후 서비스에 대한 평가는?

→ 9. 고객에 대한 배려에 대한 평가는?

→ 10. 화장실에 대한 평가는?

24. 경영 자문단을 구성하라

➔ 1. 창업에 도움을 주는 멘토는 누구인가?

➔ 2. 창업에 가장 영향을 미친 업소는? 그리고 그곳에서 배운 바를 다시 한 번 분석해 보라.

→ 3. 정기적으로 음식 맛과 서비스를 평가 해 줄 사람들은 누구인가?

→ 4. 가장 핵심적인 고객명단을 작성해 보라.

→ 5. 만약 사업이 순조롭지 못하고 경영상태가 어렵다면 누굴 찾아가 도움을 청할 것 인가?

→ 6. 경제적으로 어렵다면 누구에게 도움을 청할 수 있을 것인가?

25. 고객의 소리를 경청 시스템을 분석하라

→ 1. 고객의 소리를 경청하는 것이 얼마나 중요한지 제시해 보라.

→ 2. 고객의 소리를 경청하는 기법에는 무엇이 있는지 제시해 보라.

→ 3. 고객의 소리를 경청하는 한 장짜리 설문지를 작성해 보라.

→ 4. 고객의 소리를 어떻게 경영에 반영할 것인지 방안을 제시해 보라.

→ 5. 고객의 소리를 잘 경청하여 경영을 잘하는 업소를 찾아보고 그 업소의 장점을 분석해 보라.

26. 외식사업 경영의 네 가지 요소인 4-Ware시스템을 분석하라

→ 1. 하드웨어인 물리적인 시설 요인에는 무엇이 있는 가 제시해 보라.

➔ 2. 소프트웨어인 무형적인 요인에는 무엇이 있는지 제시해 보라.

➔ 3. 인적 구성요소인 휴먼웨어 요인에는 무엇이 있는지 제시해 보라.

➔ 4. 사이버, 인터넷 상의 경영요인인 넷웨어에는 무엇이 있는지 지세해 보라.

→ 5. 외식사업은 이 상의 네가 요인을 잘 믹스하고 적절히 균형을 이루는데 있다. 이처럼 성공적인 사업을 하는 업소를 예를 들어 설명해 보고 그 업소의 강점을 제시해 보라.

27. 창업사업의 타당성을 분석하라

→ 1. 메뉴의 상품성을 메뉴의 특성, 시장성, 식재료 수급 등을 고려하려 분석하라.

➔ 2. 창업시장성 동종업계 동향, 주변 경쟁업소 등을 고려하여 분석하라.

➔ 3. 점포 입지성을 지리적 발전가능성과 고객 흡인력, 접근성을 고려하여 분석하라.

➔ 4. 원가대비 수익성을 분석하라.

➔ 5. 판매계획, 고객관리, 서비스 등을 고려하여 마케팅전략을 분석하라.

➔ 6. 창업의지와 철학, 기업가 정신 등을 고려한 창업자 자신을 분석하라.

28. 연간 판촉 계획을 수립하고 이를 분석하라

→ 1. 구체적인 판촉계획을 제시해 보라.

→ 2. 봄철의 판촉계획을 제시해 보라.

→ 3. 여름철의 판촉 계획을 제시해 보라.

→ 4. 가을철의 판촉 계획을 제시해 보라.

→ 5. 겨울철의 판촉 계획을 제시해 보라.

→ 6. 연간 판촉비용을 분석해 보라.

29. 창업 계획서를 작성 전 점검사항을 분석하라

→ 1. 충분한 검토와 시장조사가 이루어져 있는지 분석해 보라.

→ 2. 전문가의 의견을 듣고 수정하고 보완하라.

→ 3. 현실성 있고 구체적인 내용을 담고 있는지 분석해 보라.

→ 4. 수익성이 보장될 수 있는 메뉴 아이템과 전략이 들어 있는지 분석하라.

→ 5. 자금조달 계획은 구체적인지 원가 대비 수익과의 관계가 명확한지 분석하라.

→ 6. 충분한 자신감과 전문성을 내포하고 있는지 분석하라.

→ 7. 사업에서 성공할 수 있는 강점과 차별성이 제시되어 있는지 분석하라.

→ 8. 손익분기점이 명확하게 제시되어 있는지 분석하라.

→ 9. 메뉴의 특성과 가짓수, 가격대가 작정한지 분석하라.

→ 10. 주변 경쟁 업소와의 차별성이 부각되어 있는지 분석하라.

→ 11. 주 고객층에 대한 조사와 고객관리 기법은 충분히 연구되어 있는지 분석하라.

→ 12. 틈새시장(Niche Market)을 집중적으로 공략 할 수 있는 메뉴 컨셉과 마케팅 전략을 갖고 있는지 분석하라.

→ 13. 창업 멤베는 구성되어있는지 주방과 홀, 관리 등으로 나누어 분석하라.

30. 창업계획서를 작상하고 분석하라

(실제 창업할 수 있는 구체적이고 핵심적인 아이템을 담는다. 사업은 경제적 성공과 자 유로 가는 길이다. 빈틈없는 준비와 점검이 창업 성공률을 높인다)

→ 1. 창업자 자신의 프로필과 경력, 특기 등 을 제시하라.

→ 2. 사업의 구체적인 목적과 방향을 제시하라.

→ 3. 창업의 개요를 간단명료하게 제시하라.

→ 4. 창업 메뉴 아이템을 주 메뉴, 부 메뉴 등으로 나누어 제시해 보라.

→ 5. 창업하고자 하는 메뉴의 특성과 경쟁력, 시장의 반응, 경제성 등을 제시해 보라.

➔ 6. 주변 경쟁업소의 강점, 구체적인 메뉴, 오너의 특성, 마케팅 전략 등을 세부적으로 나누어 분석하고 제시해 보라.

➔ 7. 인테리어, 주차시설, 화장실, 분위기 등 인테리어 점포계획을 제시해 보라.

➔ 8. 잠재고객층을 세부적으로 나누어 분석하고 주 고객층의 특성과 소비 성향을 제시해 보라.

→ 9. 주방기기, 주방구조, 설비, 동선 계획 등을 구체적으로 제시해 보라.

→ 10. 초기 투자비용, 손익분기점까지 운영비용, 총자금 등을 자기자금과 타인자금으로 나누어 구체적으로 자금계획서를 제시해 보라.

→ 11. 인원계획을 업무분야별로 나누어 수립하고 인건비 지출 대비 수익구조를 제시해 보라.

→ 12. 월별, 분기별, 연별 단의의 판매 계획을 수립하고 구체적인 전략을 제시해 보라.

→ 13. 시장침투 전략, 차별화 전략 등을 고려한 구체적인 마케팅 전략을 제시해 보라.

→ 14. 식재료비, 인건비, 공과금, 경비 등을 고려한 매출원가를 제시해 보라.

→ 15. 추정 손익계산서, 대차대조표 등 재무제표를 제시해 보라.

→ 16. 일별, 월별 단위로 창업 추진 일정을 제시해 보라.

→ 17. 창업 후 위협요인과 대응전략 등 구체적인 중장기 전략을 수립하라.

CHAPTER 3

외식사업 창업 마케팅 전략

1. 마케팅이란 무엇인가?

❶ 미국마케팅학회(AMA)의 정의. 1960년

마케팅이란 제품과 서비스를 생산자로부터 소비자 또는 사용자에게 흐르도록 하는 기업활동의 수행"이라고 정의 하였다.

❷ 미국마케팅 학회의 정의 (AMA),1985년

마케팅이란 개인과 조직의 목표를 충족시킬 교환을 야기 시키기 위하여 아이디어 및 제품, 서비스의 개념화와 가격결정, 촉진, 유통을 계획하고 수행하는 과정이다라고 정의하였다

❸ Philip Kotler 교수의 마케팅에 대한 정의

마케팅이란 교환과정을 통하여 욕구와 필요를 충족시키려는 인간 활동이다.

→ 1. 위의 세 가지 마케팅의 정의를 비교 분석해 보고 미국마케팅 학회의 1960년대와 1985년대의 정의의 차이를 설명해 보라.

→ 2. 여러분은 마케팅을 무엇이라고 생각 가는가? 마케팅의 정의를 내려 보라

→ 3. 창업초기의 마케팅 전략에서 포인트를 둥야 할 부분은 무엇이라고 생각하는가?

2. 마케팅 트렌드 분석하기

다음 마케팅에 대한 정의를 내려 보고 이 마케팅의 핵심전략과 내용을 제시해 보라.

➔ 1. 인터넷 마케팅

➔ 2. 관계마케팅

→ 3. 데이타 베이스 마케팅

→ 4. Time Marketing

→ 5. 지역 마케팅

→ 6. 맞춤 마케팅

→ 7. 감성 마케팅

→ 8. 네트워크 마케팅

→ 9. Frequency Marketing

→ 10. One to One (Individual) Marketing

→ 11. Pushing → Pulling Marketing

→ 12. 우뇌 마케팅

→ 13. 기상 마케팅

→ 14. Target Marketing

→ 15. Internal Marketing

→ 16. Value Marketing

→ 17. Co-Marketing

→ 18. Complain Marketing

→ 19. Niche Marketing

→ 20. Direct Marketing

→ 21. WOM(Word of mouth) Marketing

→ 22. Service Marketing

→ 23. Experience Marketing

3. 마케팅 전략 프로세스 분석

다음 단계별 마케팅 전략 내용을 분석해 보고 이를 외식사업과 관련하여 실질적인 전략 수립을 위한 대안을 제시해 보라.

→ 1. 제 1단계 : 마케팅 환경 분석

→ 2. 제 2단계 : 시장 기회의 발견

➔ 3. 제 3단계 : 시장 세분화

➔ 4. 제 4단계 : 표적시장 선정

➔ 5. 제 5단계 : 포지셔닝

4. 성공마케팅 위한 사전 분석

다음은 제리윈드 와튼스쿨 교수가 제시하는 성공적인 마케팅 전략 수립을 위한 지침이다. 이를 분석해 보고 외식사업과 관련하여 실질적인 대책을 마련해 보라.

→ 1. 고객만족전략을 경영철학으로 확립

→ 2. 마케팅대상을 모든 이해관계자로 확대

→ 3. 기업목표에 고객만족·가치창조 포함

→ 4. 마케팅을 기업 내 다른 기능과 통합

→ 5. 공략대상에 맞는 마케팅 전략 개발

➔ 6. 상품판매 시 고객요구 서비스도 함께 제공

➔ 7. 세계화를 지향하는 전략 구사

➔ 8. 타사 마케팅 전략과 수시 비교평가

→ 9. 정보통신기술 최대한 활용

→ 10. 혁신적인 마케팅 방식 개발

→ 11. 공동마케팅을 위한 전략적 제휴 모색

→ 12. 미디어활용 보다 메시지전달에 집중

5. 마케팅 전략과 개념의 변화 이해

다음은 코틀러 교수가 제시하는 기업환경의 변화와 마케팅 전략의 대응을 제시한 것이다. 이를 분석하고 토의해 보라.

변화하는 기업	
과 거	**현 재**
• 모든 것을 기업 내부에서 만든다. • 우리 기업이 소유한 것에 근거하여 개량을 한다. • 독자적으로 진행한다. • 기능적 부서별로 작업한다. • 국내에 중점을 둔다. • 상품 중심이다. • 표준상품을 생산한다. • 상품에 초점을 둔다. • 대량 마케팅(Mass Marketing)을 실시한다. • 지속될 만한 경쟁우위를 찾는다. • 신상품은 천천히 신중하게 개발한다. • 다수의 공급자를 이용한다. • 상명하달 경영방식이다. • 시장(Market Place)에서 사업을 한다.	• 기업 밖에서 더 많을 것을 만든다. • 다른 기업을 벤치마킹해서 개선한다. • 다른 기업과 네트워크를 형성하여 협력한다. • 다분야팀을 구성해 사업과정을 관리한다. • 세계와 지역에 초점을 둔다. • 시장과 고객 중심이다. • 적응상품이나 맞춤상품을 생산한다. • 가치사슬(Value Chain)에 초점을 둔다. • 목표 마케팅(Target Marketing)을 실시한다. • 지속적으로 새로운 강점을 만든다. • 신상품 개발과정 사이클을 가속화한다. • 소수의 공급자를 이용한다. • 상하 및 횡적 경영방식이다. • 시장공간(Market Space)에서 사업을 한다.

Kotler 미래형 마케팅. 세종연구원. 1999. p25

6. 마케팅 자가진단

다음 마케팅 전략시 요구되는 문제와 해결 방안을 분석해 보고 외식사업 창업과 관련하여 대안을 제시해 보라.

마케팅 문제		해결방안(대안제시)
메 뉴 상 품		
메 뉴 가 격		
판 매 방 법		
고 객 관 리		
판 촉 방 법		
직 원 관 리		
입지 상권 특성		
서 비 스전략		
창업자 환경		
식재료 품질		
주변 경쟁 업소		
관 련 법 규		
신메뉴 개발		
마케팅 노하우		
마 케 팅 예 산		

7. 고객 발전 단계

고객은 다음과 같은 단계를 거쳐 기업에 도움을 준다. 각 단계별 특성과 이에 맞는 전략을 제시해 보라.

→ 1. Suspect 단계

→ 2. Prospect (vs Disqualified prospect) 단계

→ 3. First time customer 단계

→ 4. Repeat customer 단계

→ 5. Client 단계

→ 6. Member 단계

→ 7. Advocate 단계

→ 8. Partner

8. 소비자의 욕구 분석

외식은 단지 음식을 먹는 과정이 아니다. 이제는 먹고 마시며 즐기는 여가과정이며 문화 활동이다. 다음은 Abraham Maslow의 유명한 인간욕구 5단계과정이다. 각 단계별로 소비자들의 외식 동기는 어떻게 달라지고 기대하는지 마케팅 차원에서 제시해 보라.

→ 1. 1단계: Physiological Needs(생리적 욕구)

→ 2. 2단계:Safety Needs(안전에 대한 욕구)

→ 3. 3단계:Belonging and Love Needs(소속감과 애정에 대한 욕구)

→ 4. Esteem Needs(존경에 대한 욕구)

→ 5. Self–Actualization Needs(자아실현에 대한 욕구)

9. STP전략 분석하기

STP란 Marketing의 기본 적략인 시장 세분화, 표적시장 선정, 포지셔닝을 말한다. 다음 각 단계별 전략에 맞는 외식사업 마케팅의 대안을 제시해 보라.

→ 1. Segmentation(시장 세분화 전략)

■ 시장세분화의 기준을 제시해 보라

■ 시장세분화의 이점은 무엇인가?

■ 시장세분화로 성공한 외식기업의 마케팅 사례를 제시하고 분석해 보라

→ 2. Target Market(표적 시장 선정)

■ 표적시장 선정이란 무엇인가

■ 표적시장 선정 기준에는 다음과 같은 전략이 있다. 각 전략의 장단점을 제시해 보라.

■ 비차별화 전략(Non-Differentiated Marketing)

■ 차별화 마케팅(Differentiated Marketing)

■ 집중화 마케팅(Concentrated Marketing)

→ 3. 포지셔닝 전략(Positioning)

■ 포지셔닝의 의미를 설명하라.

■ 포지셔닝이 마케팅에서 필요한 이유는 무엇인가

10. PLC 분석하기

모든 상품은 Product Life Cycle, 즉 수면주기를 갖는다. 그러므로 창업자는 창업하고자 하는 아이템이 시장에서 사라져가는 쇠퇴기의 상품인지 소비지로부터 인기를 누리는 도입기 혹은 성장기 상품인지 제대로 파악할 줄 알아야 한다. 또한 창업 이후에도 각 단계별 전략을 잘 세워야 제대로 된 상품관리를 할 수 있다.

→ 1. Introduction(도입기)

- **도입기에 있는 메뉴 한 가지를 예를 들어보라**

- **도입기에 있는 메뉴에 대하여 소비자들은 대체로 어떤 반응을 보이는가?**

- **도입기에 있는 메뉴에 대하여 소비자들은 대체로 어떤 반응을 보이는가?**

→ 2. Growth(성장기)

■ 성장기에 있는 메뉴 한 가지를 예로 들고 그 메뉴의 특성을 설명하라

■ 성장기 메뉴를 선호하는 소비자들은 대체로 어떤 특성을 보이는가?

■ 성장기 메뉴 관리 전략을 제시해 보라.

→ 3. Maturity(성숙기)

- 성숙기 단계에 접어든 메뉴 한 가지를 예로 들어 보고 그 메뉴의 경쟁력을 분석해 보라.

- 성숙기 단계의 전략은 무엇인가

→ 4. Decline(쇠퇴기)

■ 쇠퇴기에 접어든 메뉴는 무엇이며 그 이유는 무엇인지 제시해 보라.

■ 쇠퇴기에 접어든 상품은 어떻게 관리해야 하는가?

→ 5. PLC 곡선을 그려보고 각 단계별 마케팅 전략을 외식사업을 예를 들어 제시해 보라.

■ 쇠퇴기에 접어든 메뉴는 무엇이며 그 이유는 무엇인지 제시해 보라.

11. 가격결정에 대하여

→ 1. 가격이란 무엇인가 그 의미를 구체적으로 설명하라.

➔ 2. 가격결정의 기준은 크게 세 가지로 나눌 수 있다. 원가 중심, 소비자 지각 중심, 경쟁중심이다. 각 기준별 특성을 설명해 보라. 그리고 장단점을 제시해 보라.

■ 원가중심 가격 결정 방법

■ 경쟁지향 가격 결정 방법

■ 소비자 지각 기준 결정 방법

→ 3. 창업 메뉴의 가격결정과정을 제시해 보라. 그리고 원가구조와 이익, 관리비 등으로 나누어 분석해 보라.

→ 4. 가격변경 전략을 제시하고 이것이 고객과 경쟁사에 미치는 영향을 분석해 보라.

12. AIDMA 이해하기

마케팅은 짧은 시간에 적은 비용으로 자사의 상품 판매를 극대화시키는 데 있다. 그러나 아무리 대량광고를 한다 해도 소비자의 마음을 읽지 못하면 경쟁력을 잃을 수 있다. 따라서 각 단계별 소비자의 구매 심리를 이해하고 이에 맞는 대책을 강구해 나가야 한다.

잠재고객이 신 상품을 채택하는 과정을 AIDMA모델로 제시할 수 있다.

→ 1. Attention(주의 단계)의 특성을 설명하고 소비자들의 반응을 제시해 보라.

→ 2. Interest(관심단계)의 소비자들의 반응을 제시하고 전략을 말하라.

→ 3. Desire(욕구단계)의 소비자의 반응은 무엇인지 설명하라. 그리고 이 단계의 마케팅 전략을 어떻게 하는 것이 바람직한지 제시하라.

→ 4. Memory(기억단계)의 특성을 설명하라.

→ 5. Action(행동단계)의 소비자 특성을 설명하고 마케팅 전략을 제시하라.

13. 4P에서 4C로 변화하는 마케팅 환경의 이해

전통적인 마케팅의 4P Mix가 이제는 4C Mix로 바뀌고 있다. 그 만큼 시장 환경의 변화에 따라 고객의 니즈를 충족시킬 수 있는 새로운 켄셉의 전략이 요구되는 것이다. 4C Mix의 개념을 살펴 보고 이를 4P Mix와 비교 분석해 보자.

→ 1. Product에서 Customer Value로, 그럼Customer Value (고객가치)란 무엇인가?

→ 2. Price에서 Cost로, 그럼 Cost(비용)이란 무엇인가?

→ 3. Place에서 Convenience로, 그럼 Convenience(편의성)이란 무엇인가?

→ 4. Promotion에서 Communication으로, 그럼 Communication이란 무엇인가?

→ 5. 4P Mix와 4C Mix의 마케팅전략상의 차이는 무엇이며 왜 최근에는 4C Mix가 마케팅의 중요한 핵심 이슈로 등장하고 있는지 그 이유를 설명하라.

14. 마케팅 환경 분석이해하기

외시사업을 성공적으로 운영하고 마케팅에 성공하기 위해서는 외식산업 전반에 대한 환경 분석이 이루어져야 한다. 사전에 철저한 환경 분석은 마케팅을 성공적으로 추진하기 위한 포석이며 좀 더 적은 비용으로 고객에게 다가가는 실용적인 전략을 구사할 수 있다. 다음 각 환경에 대한 요인을 분석하고 마케팅 전략을 수립하라.

→ 1. 외식사업의 경제적 환경이란 무엇인가?

→ 2. 외식사업의 사회, 문화적인 환경이란 무엇인가?

→ 3. 외식사업의 법, 정치적인 환경은 무엇인가?

→ 4. 외식사업의 글로벌 환경요인에는 무엇이 있는가?

→ 5. 외식사업의 과학, 기술적인 환경요인에는 무엇이 있는가?

15. 고객행동의 이해

고객의 소비행위에 미치는 요인을 분석함으로써 고객에게 쉽게 접근할 수 있으며 고객감동을 통하여 수익을 창출해 나갈 수 있다. 고객의 심리를 분석하는 것이 고객만족을 이루고 판매를 극대화하는 마케팅의 핵심이다.

→ 1. 고객행동에 영향을 미치는 심리적인 요인에는 무엇이 있는가?

→ 2. 고객행동에 영향을 미치는 개인적인 요인에는 무엇이 있는가?

→ 3. 고객행동에 영향을 미치는 사회적 요인에는 무엇이 있는가?

→ 4. 고객행동에 영향을 미치는 문화적 요인에는 무엇이 있는가?

→ 5. 고객행동을 분석하는 것이 마케팅에서 왜 중요한지 그 이유를 제시하라

16. 7's 마케팅 환경 이해하기

7's모델은 맥킨지 컨설팅 그룹에서 개발한 조직진단 Tool이다. 이 같은 7's 분석을 통하여 조직의 내부 환경을 분석하여 마케팅 전략을 수립하는데 유용한 자료로 활용할 수 있다.

→ 1. Shared Value(가치공유)란 무엇인가?

→ 2. System(시스템)이란 무엇인가?

→ 3. Strategy(전략)이란 무엇인가?

→ 4. Skills(스킬)이란 무엇인가?

→ 5. Staff(스텝)이란 무엇인가?

→ 6. Structure(조직구조)란 무엇인가?

→ 7. Style(경영방식)이란 무엇인가?

17. 내부마케팅에 대하여

➔ 1. 직원만족 없이 고객만족 없다는 말의 의미를 설명하라.

➔ 2. 외식사업은 People Industry라고 한다. 사람의 역할이 절대적으로 중요하다는 것을 의미한다. 서비스 산업에서 사람의 역할을 설명해 보라.

→ 3. 직원만족 프로그램에는 무엇이 있는지 제시해 보라.

→ 4. 직원만족도 조사에는 어떤 내용을 포함하는 것이 좋은지 설명하라.

→ 5. 외식업계의 가장 큰 현안 문제는 이직률이다. 이직률이 높으면 시스템이 붕괴되고 안정적인 운영이 어려워진다. 한국 외식업계의 현안 문제인 이직률의 원인과 이에 대한 대처 방안을 제시해 보라.

18. 놀부보쌈의 마케팅 전략에 대하여

→ 1. 놀부 보쌈의 경영켄셉을 설명하라.

→ 2. 놀부보삼의 핵심적인 메뉴를 분석해 보라.

→ 3. 놀부보쌈의 최고 경영자를 분석해보고 그의 기업가 정신과 경영철학을 설명하라.

→ 4. 놀부 보쌈의 성공요인을 마케팅 차원에서 분석해 보고 강점과 약점을 제시해 보라.

→ 5. 놀부보쌈만의 차별성을 갖는 마케팅의 특성은 무엇인지 분석해 보라.

→ 6. 놀부 보쌈의 성장과정을 설명해 보라.

19. BBQ의 마케팅 전략에 대하여

→ 1. BBQ의 경영켄셉을 설명하라.

→ 2. BBQ의 핵심적인 메뉴를 분석해 보라.

→ 3. BBQ의 최고 경영자를 분석해보고 그의 기업가 정신과 경영철학을 설명하라.

→ 4. BBQ의 성공요인을 마케팅 차원에서 분석해 보고 강점과 약점을 제시해 보라.

→ 5. BBQ의 차별성을 갖는 마케팅의 특성은 무엇인지 분석해 보라.

→ 6. BBQ의 성장과정을 설명해 보라.

20. 민들레 영토의 마케팅 전략에 대하여

→ 1. 민들레 영토의 경영컨셉을 설명하라.

→ 2. 민들레 영토의 핵심적인 메뉴를 분석해 보라.

→ 3. 민들레 영토의 최고 경영자를 분석해보고 그의 기업가 정신과 경영철학을 설명하라.

→ 4. 민들레 영토의 성공요인을 마케팅 차원에서 분석해 보고 강점과 약점을 제시해 보라.

→ 5. 민들레 영토의 차별성을 갖는 마케팅의 특성은 무엇인지 분석해 보라.

→ 6. 민들레 영토의 성장과정을 설명해 보라.

21. 스타벅스의 마케팅 전략에 대하여

→ 1. 스타벅스의 경영컨셉을 설명하라.

→ 2. 스타벅스의 핵심적인 메뉴를 분석해 보라.

→ 3. 스타벅스의 최고 경영자를 분석해보고 그의 기업가 정신과 경영철학을 설명하라.

→ 4. 스타벅스의 성공요인을 마케팅 차원에서 분석해 보고 강점과 약점을 제시해 보라.

→ 5. 스타벅스의 차별성을 갖는 마케팅의 특성은 무엇인지 분석해 보라.

→ 6. 스타벅스의 성장과정을 설명해 보라.

22. 교촌치킨의 마케팅 전략에 대하여

→ 1. 교촌치킨의 경영컨셉을 설명하라.

→ 2. 교촌치킨의 핵심적인 메뉴를 분석해 보라.

→ 3. 교촌치킨의 최고 경영자를 분석해보고 그의 기업가 정신과 경영철학을 설명하라.

→ 4. 교촌치킨의 성공요인을 마케팅 차원에서 분석해 보고 강점과 약점을 제시해 보라.

→ 5. 교촌치킨의 차별성을 갖는 마케팅의 특성은 무엇인지 분석해 보라.

→ 6. 교촌치킨의 성장과정을 설명해 보라.

23. 빕스(VIP'S)의 마케팅 전략에 대하여

→ 1. 빕스(VIP'S)의 경영켄셉을 설명하라.

→ 2. 빕스(VIP'S)의 핵심적인 메뉴를 분석해 보라.

→ 3. 빕스(VIP'S)의 최고 경영자를 분석해보고 그의 기업가 정신과 경영철학을 설명하라.

→ 4. 빕스(VIP'S)의 성공요인을 마케팅 차원에서 분석해 보고 강점과 약점을 제시해 보라.

→ 5. 빕스(VIP'S)의 차별성을 갖는 마케팅의 특성은 무엇인지 분석해 보라.

→ 6. 빕스(VIP'S)의 성장과정을 설명해 보라.

24. 벽제갈비의 마케팅 전략에 대하여

→ 1. 벽제갈비의 경영켄셉을 설명하라

→ 2. 벽제갈비의 핵심적인 메뉴를 분석해 보라.

→ 3. 벽제갈비의 최고 경영자를 분석해보고 그의 기업가 정신과 경영철학을 설명하라.

→ 4. 벽제갈비의 성공요인을 마케팅 차원에서 분석해 보고 강점과 약점을 제시해 보라.

→ 5. 벽제갈비의 차별성을 갖는 마케팅의 특성은 무엇인지 분석해 보라.

→ 6. 벽제갈비의 성장과정을 설명해 보라.

25. 불고기 브라더스의 마케팅 전략에 대하여

→ 1. 불고기 브라더스의 경영컨셉을 설명하라.

➔ 2. 불고기 브라더스의 핵심적인 메뉴를 분석해 보라.

➔ 3. 불고기 브라더스의 최고 경영자를 분석해보고 그의 기업가 정신과 경영철학을 설명하라.

➔ 4. 불고기 브라더스의 성공요인을 마케팅 차원에서 분석해 보고 강점과 약점을 제시해 보라.

➔ 5. 불고기 브라더스의 차별성을 갖는 마케팅의 특성은 무엇인지 분석해 보라.

➔ 6. 불고기 브라더스의 성장과정을 설명해 보라.

26. 투다리의 마케팅 전략에 대하여

→ 1. 투다리의 경영컨셉을 설명하라.

→ 2. 투다리의 핵심적인 메뉴를 분석해 보라.

→ 3. 투다리의 최고 경영자를 분석해보고 그의 기업가 정신과 경영철학을 설명하라.

→ 4. 투다리의 성공요인을 마케팅 차원에서 분석해 보고 강점과 약점을 제시해 보라.

→ 5. 투다리의 차별성을 갖는 마케팅의 특성은 무엇인지 분석해 보라.

→ 6. 투다리의 성장과정을 설명해 보라.

27. 용수산의 마케팅 전략에 대하여

→ 1. 용수산의 경영켄셉을 설명하라.

→ 2. 용수산의 핵심적인 메뉴를 분석해 보라.

→ 3. 용수산의 최고 경영자를 분석해보고 그의 기업가 정신과 경영철학을 설명하라.

→ 4. 용수산의 성공요인을 마케팅 차원에서 분석해 보고 강점과 약점을 제시해 보라.

→ 5. 용수산의 차별성을 갖는 마케팅의 특성은 무엇인지 분석해 보라.

→ 6. 용수산의 성장과정을 설명해 보라.

CHAPTER 4

외식서비스 실무 전략

1. Astonishing(고객을 놀라게 하라)

평범한 서비스는 고객의 관심을 끌 수 없다. 차별화된 서비스, 혼을 파는 서비스만이 고객의 마음을 사로잡을 수 있다. 고객의 기대를 뛰어넘는 서비스를 제공하기 위해서는 늘 새로운 관심과 고객의 기대를 뛰어넘는 서비스 리더십을 작용해야 한다. 고객을 놀라게 하라. 예상치 못한 이벤트, 기대를 능가하는 테크닉, "역시 여기야!", 하며 탄성을 지르게 만드는 서비스는 무엇인가? 이를 연구하고 개발하는 것이 감성시대, 고객을 내 편으로 만드는 길이다. 누구나 할 수 있고, 어제와 똑같은 서비스를 가지고 고객을 대한다면 그는 식상감을 느끼게 될 것이다. 고객은 어제의 고객이 아니다. 그는 자신도 모를 만큼 빠르게 변화하고 있다. 칼 알브레이트의 말 대로 고객의 기대는 늘 진보한다. 서비스 리더가 앞서서 그를 리드해 나가지 못하면 늘 고객으로부터 끌려 다니게 될 것이다.

→ 1. 당신이 놀라운 서비스를 받은 경험이 있는가? 있다면 그것은 언제 어떻게 일어난 서비스 인가? 그 때의 느낌과 그 서비스맨의 태도를 이야기 해 보라.

→ 2. 고객의 기대를 뛰어넘는 서비스 기법에는 무엇이 있을까?

→ 3. 당신은 고객에게 늘 새롭고 혁신적인 서비스를 제공하기 위해서 노력하는가? 고객을 놀라게 할 만한 당신만의 서비스는 무엇인가?

→ 4. 외식 서비스맨으로서의 당신의 사명(Mission)은 무엇인가?

→ 5. 외식 서비스맨으로서 당신은 어느 정도 성공하고 싶은가? 당신의 꿈은 무엇인가?

→ 6. 다음 문장을 매일 외쳐 보라.

- 내가 존재하는 이유는 고객이 존재하기 때문이다.
- 내가 꿈 꿀 수 있는 것은 고객이 돕기 때문이다.
- 고객은 늘 나 보다 훌륭하다.
- 고객은 늘 내게 새로운 정보와 아이디어를 제공한다.
- 고객이 없는 사람은 아무도 없다.
- 내게 있어 고객은 가장 큰 자산이며 비전이다
- 고객이 없이 내 미래는 존재하지 않는다.

→ 7. 서비스의 의미를 되새겨 보라.

① Smile

② Energize

③ Responsibility

④ Value

⑤ Impressive

⑥ Communication

⑦ Entertainment

→ 8. 서비스맨이 갖추어야 할 자질은 무엇이라고 생각하는가? 10가지만 제시해 보라.

2. Body language(신체언어를 개발하라)

서비스맨은 말만 화려하게 한다 해서 좋은 서비스를 제공한다고 볼 수 없다. 물론 언어는 중요한 요소이지만 겉으로 들어나는 외모와 이미지 관리가 중요하기 때문이다. 표정 뿐 아니라 옷차림 머리 스타일, 구두, 걸음 걸이, 서 있는 자세 등 모두가 고객의 입장에서 볼 때는 만족, 불만족의 요인이 되기 때문이다. 늘 몸가짐을 잘하는 것이 서비스의 법칙이라는 것을 잊어서는 안 된다.

"서비스맨은 살아 있는, 움직이는 인테리어"라는 말이 이를 잘 뒷받침 한다. 고객 입장에서는 서비스 상품을 구매하기 이전에 자신에게 서비스를 제공하는 직원과의 첫 대면이 중요하기 때문이다.

"첫 인상은 두 번 줄 수 없다"는 말은 서비스 맨의 용모와 이미지 관리가 얼마나 중요한 포인트 인가를 엿 보게 한다. 화려한 언어구사 보다 먼저 비언어적인 요소를 잘 관리하는 것이 고객에게 신뢰를 주고 고객감동을 이끌어 내는 요인이 된다.

→ 1. 바디 랭귀지에는 어떠한 것들이 있는가? 10가지만 제시해 보라.

→ 2. 당신은 어떻게 바디 랭귀지를 관리 하는가 설명해 보라.

→ 3. 고객에게 인상적인 느낌을 줄 수 있는 당신의 바디 랭귀지 포인트는 무엇이라고 생각하는가, 그리고 그 이유를 설명해 보라.

→ 4. 서비스 법칙에 "첫인상이 끝 인상"이라는 말이 있다. 이 말의 의미를 설명해 보라.

→ 5. 다음 문장을 매일 외워 보라.

- 나의 얼굴은 우리 기업의 간판이다.
- 나의 미소는 우리 기업의 이미지다
- 나의 용모는 우리 기업의 청결과 안전함을 말해 준다.
- 나는 곧 서비스 상품이다.
- 고객은 나의 구두, 옷 차림, 걸음걸이, 표정을 통하여 우리 기업을 평가한다.
- 고객이 나를 신뢰하지 못하면 우리기업에서 판매하는 어떤 상품에도 만족하지 못한다.
- 나는 살아 있는 인테리어다.
- 고객은 누구보다도 나와의 첫 대면을 통하여 우리 기업의 품격을 평가한다. 그러므로 나는 우리 기업의 대표자다

→ 6. 서비스맨의 이미지가 갖는 의미를 설명해 보라. 그리고 그 이미지가 왜 고객에게 중요한 느낌을 전달하는지 설명해 보라.

→ 7. 당신의 이미지 요소를 장, 단점을 구분하여 설명해 보라.

➔ 8. 인사는 바디 랭귀지의 핵심 포인트다. 인사가 좋아야 인상이 결정되고 인상이 좋아야 인생이 결정된다고 한다. 당신의 인사 습관과 개선해야 할 점은 무엇인가?

3. Challenge(도전하라)

서비스맨은 도전 의식이 있어야 한다. 주어진 일만 잘 한다고 해서 훌륭한 리더가 될 수는 없다. 늘 새로운 도전 과제를 찾아내어 열정을 쏟아야 한다. 고객의 입장에서 생각하고 차별화된 서비스 기법을 개발해 나가기 위해서 노력해야 한다.

미래는 도전의 대상이다. 누구에게나 저절로 다가오지 않는 것이 우리들의 미래다. 더 큰 꿈을 꾸고 더 새로운 미래 청사진을 제세해 나가라. 이 같은 도전적인 자세를 갖기 위해서는 무엇보다도 미래에 대한 확신과 목표의식이 명확해야 한다. 목표가 없이 이룰 수 있는 것은 아무것도 없다.

앨빈 토플러는 "21세기는 읽고 쓸 줄 모르는 사람이 문맹자가 아니라 자기 학습을 게을리 하는 자가 문맹자"라고 말한다. 그는 또한 지금 우리가 갖고 있는 지식은 언젠가는 고갈되어 쓸모없는 무용지식이 될 것이라고 말한다.

훌륭한 서비스맨이 되는 것은 무엇인가? 그 것은 고객 보다 앞서가는 것이다. 고객 보다 앞서서 살지 못하면 결코 그를 감동시킬 수 없기 때문이다.

→ 1. 외식인으로서 당신이 도전하고 싶은 분야는 무엇인가, 그리고 그 이유를 설명해 보라.

→ 2. 지금 보다 한 단계 더 높은 인생을 누리기 위해 당신이 당장 도전해야 할 일은 무엇이라고 생각하는가?

→ 3. 다음은 에드거 게스트가 쓴 "장비"라는 시다. 이 시를 읽고 느낀 점을 말해 보라.

자기 자신을 돌아보게나, 젊은이.
두 팔, 두 손, 두 다리, 두 개의 눈,
그리고 영리하게 사용할 수도 있는 두뇌,
위인들이 가지고 있던 것을 자네도 모두 가지고 있네.
다른 사람들도 모두 이 정도의 장비만 가지고 시작을 했지.
이런 최고의 장비들을 갖추고 있다면 이제 이렇게 말하게. "난 할 수 있어."
위인들과 현자들을 뜯어보게나.
자네의 것과 비슷한 그릇으로 밥을 먹고,
비슷한 포크와 나이프를 쓴다네.
신발에 묶은 끈도 자네의 것과 비슷하지 않는가.
세상은 그들이 용감하다, 현명하다 말을 하지만
그들이 출발점에서 가지고 있던 것들을 자네도 모두 가지고 있네.
자네도 그들의 능력을 가질 수 있고,
원하기만 한다면 그들만큼 위대해질 수 있네.
자네가 선택한 어떤 싸움에서라도 어울릴 만한 장비를 모두 갖추고 있지 않은가.
자네에게는 팔과 다리와 두뇌가 있네.
위대한 사람이라는 칭호를 받고 있는 사람들도,
처음에는 자네가 가진 것 이상의 것을 가지지 못했네.
자네에게 유일한 장애물은 바로 자네 자신이라네.
자네의 자리는 자네가 정해야만 하네.
어디로 가고 싶은지 말해야만 한다네.
얼마나 많은 공부를 하고, 얼마만큼의 진실을 알 텐가.
신은 자네에게 인생을 살기에 충분한 장비를 주셨네.
하지만 어떤 사람이 될지, 그 결정은 자네 스스로 하라고 하셨네.
용기는 자네가 가진 영혼으로부터 나오는 것이라네.

이기고자 하는 의지는 스스로 일으켜야 하는 것이네.
그러니 자기 자신을 돌아보게나, 젊은이.
모든 위대한 사람들이 가지고 있던 것을 자네도 모두 가지고 태어났네.
그들이 시작할 때 가지고 있던 장비를 자네도 전부 가지고 있지 않나.
그러니 용기를 내어 이렇게 말하게. "난 할 수 있어."

■ 느낀점

→ 4. 과거에 도전해서 성공적으로 이룬 일은 무엇이었는가? 그 당시를 회상하며 말해 보라.

① 언제 :

② 어떤 일에서 :

③ 어떤 마음가짐으로 :

④ 그 도전이 지금 나에게 주는 교훈 :

→ 5. 당신이 외식인으로서 도전하고 싶은 일은 구체적으로 제시해 보라.

① 1년 안에 도전하고 싶은 일: :

② 5년 안에 도전하고 싶은 일 :

③ 10년 안에 도전하고 싶은 일 :

④ 일생 동안에 도전하고 싶은 일 :

4. Dollar(서비스는 돈이다)

기업의 존재를 가능케 하는 것은 상품의 질이나 마케팅 전략이 아니다. 물론 경영을 잘 한다고 저절로 미래가 보장되는 것은 더욱 아니다. 만족한 고객의 수가 기업의 미래를 보장하기 때문이다. 기업의 주인은 사장이 아니다. 고객을 주인으로 모시는 기업만이 미래를 보장 받을 수 있다. 고객만족 없이 미래 없다

차별화된 서비스 전략만이 미래를 보장 받을 수 있는 유일한 길이다.

기업이 존재하는 이유는 무엇인가? 수익을 창출하고 지속성장하기 위함이 아닌가? 그렇다면 이러한 지속 성장을 가능케 하는 것은 무엇인가? 이것이 서비스다. 그러므로 서비스는 곧 돈이다.

→ 1. "서비스는 돈이다"는 말의 의미를 설명해 보라.

→ 2. 고객은 판매대상이 아니라 만족시켜야 할 대상으로 그 의미가 변해가고 있다. 판매대상과 만족시켜야 할 대상의 의미를 설명하고 왜 이러한 개념 변화가 일고 있는지 설명해 보라.

→ 3. 고객을 주인으로 모시는 기업들이 늘고 있다. 하지만 이것은 지나치게 추상적인 개념일 수가 있다. 기존의 틀을 깨고 고객을 주인으로 모시는 방법에는 무엇이 있을까? 도한 그렇게 하기 위해서 지금 까지 갖고 있던 고객관리 서비스에서 버려야 할 것들은 무엇인지 설명하라.

→ 4. 고객을 진정한 돈을 만들기 위해서는 한 번 고객을 평생고객을 만드는 전략이 필요하다. 한 번 거래한 고객을 평생 고객으로 만드는 비결에는 무엇이 있는지 설명해 보라.

→ 5. 고객 서비스의 핵심은 고객과의 대화에 있다고 할 수 있다. 고객과의 대화를 부드럽고 품격 있게 하기 위한 방법을 10가지만 제시해 보라.

→ 6. 소비자로서 당신을 주인처럼 모시는 기업은 어디인가? 혹은 주인처럼 모시는 서비스를 받은 경험을 이야기 해 보라.

→ 7. 다음 문장을 매일 외워 보라.

고객은 주인이다.
내가 존재해서 고객이 있는 것이 아니라
고객이 존재하기 때문에 내가 있는 것이다.
"미래는 기술이 아니라 고객" 이라는 광고 문구를 기억하라
고객이 없이는 미래는 열리지 않는다.
그러므로 고객은 판매 대상이 아니라
고객은 늘 감동시켜야 할 대상이다.
그래야만 고객으로부터 수익이 창출되고 미래를 보장 받을 수 있다.
"고객이 존재한다. 그러므로 나는 존재한다"

→ 8. 고객이 거래를 중단하고 떠나는 이유는 무엇일까? 그 이유를 분석하고 제시해 보라.

5. Entertainment(즐거움을 팔아라)

의식주가 필수 요소가 아니라 이제는 의식주+유(遊)즉 즐거움이 가미되지 않으며 별 의미가 없는 것으로 받아들여지고 있다. 일하면서 재미있고 즐거워야만 가치가 보장되는 것이다

이제는 재미가 키워드가 되었다. 일터도, 일꾼도, 심지어 고객마저도 재미가 없으면 거래를 중단하는 시대다. 요즘 외식업체는 소비자의 비위를 맞추느라 정신이 없다. 몇 년 전만 맛이 뛰어나면 손님이 몰리고 괜찮은 식당으로 인정받았으나 지금은 재미가 없으면 손님의 발길이 뚝 끊어진다는 것이다. 그래서 심지어는 6개월 마다 인테리어 색상을 바꾸어 주고 뭔가 피부에 와 닿는 변화를 주어야만이 그럭저럭 유지된다는 것이다. 이제는 먹는 것이 아니라 즐기는 것으로 외식의 개념이 바뀌어 버린 지 오래다. 그래서 요즘 외식업계에서는 음식

과즐거움을 하나로 묶어서 파는 Eatertainmaint(Eating+Entertainmaint) 식당으로의 변화를 꾀하기에 바쁘다.

→ 1. 당신이 재미있는 서비스를 받은 경험이 있다면 그것은 무엇인가? 재미를 느끼면서 서비스를 받았을 당신의 느낌은 어떠했는가?

→ 2. 서비스에서 재미란 무엇인가? 왜 감성서비스 사회에서 재미의 요소가 강조되고 있는가?

→ 3. 일과 재미가 이슈가 되고 있다. 즐겁게 재미있게 일하는 사람이 그렇지 않은 사람에 비하여 성과가 좋고 열정과 아이디어가 넘치는 것으로 나타났다. 일터를 재미있게 만드는 방법에는 무엇이 있을까? 10가지만 제세해 보라.

→ 4. 사우스웨스트 항공사는 재미있는 서비스, 유머 있는 서비스로 명성이 높다. 유머경영이 성공의 핵심요인으로 나타나고 있다. 이 처럼 유머 있는 서비스, 재미있는 서비스로 고객을 감동시키는 기업체의 사례를 들어 보라. 그리고 그 기업이 갖고 있는 재미의 강점은 무엇인지 설명해 보라.

→ 5. 다음 시는 랄프왈드 에머슨의 "성공이란 무엇인가"이다. 다음 시를 읽고 당신이 말하는 성공이란 무엇이지 생각해 보라. 그리고 느낀 점을 발해 보라

자주 그리고 많이 웃는 것
현명한 이에게 존경을 받고
아이들에게서 사랑을 받는 것
정직한 비평가의 찬사를 듣고
친구의 배반을 참아 내는 것
아름다움을 식별할 줄 알며
다른 사람에게서 최선의 것을 발견하는 것

건강한 아이를 낳든
한 뙈기의 정원을 가꾸든
사회 환경을 개선 하든
자기가 태어나기 전 보다
세상을 조금이라도 살기 좋은 곳으로 만들어 놓고 떠나는 것

자신이 한때 이곳에 살았음으로 해서
단 한 사람의 인생이라도 행복해지는 것
이것이 진정한 성공이다

■ 느낀점

→ 6. 일을 재미있게 하기 위해서는 긍정적인 마인드가 요구된다. 긍정의 마음에서 열정이 나오고 재미라는 성과가 창출되기 때문이다. 그러므로 PMA(Positive Mental Attitude, 긍정적인 마음 자세)사고를 유지하는 것이 무엇보다도 서비스 리더에는 성공의 지름길이다. 이를 위해서는 긍정적인 자기 암시를 통해 즐겁고 신나는 인생을 창조해 나가는 노력이 필요하다. 긍정적인 리더가 되기 위해 현재의 자신을 어떻게 변화시켜 나가야 할 것인가? 다음의 세 가지 차원에서 설명해 보라.

① 무엇을 버릴 것인가? 잘 못된 습관이나 생활 방식, 혹은 그릇된 사고는 무엇인가?

② 무엇을 변화시킬 것인가?

③ 무엇을 창조해 나갈 것인가?

→ 7. 다음 문장을 매일 아침 외쳐보라.

나는 할 수 있다.

나는 최고다

나는 나를 사랑한다.

나는 원래부터 위대하다

나는 행복하다.

나는 강하다

나는 유머적이다

나는 일을 즐긴다

나는 건강하다

나는 운이 많다

나는 사람들을 사랑한다

나는 지금의 나에 만족한다

나는 웃음 많다

6. First class(고객을 최고의 귀빈으로 모셔라)

이제는 단순히 상품을 판매하는 시대는 지나고 있다. 고객과 거래하는 대상은 유형적인 물건이라 해도 실제로 고객으로 하여금 구매하도록 만드는 일은 기업의 문화이기 때문이다. 이제는 회사의 이미지, 서비스 문화를 판매해야 살아남을 수 있다.

[상품 서비스] → [친절 서비스] → [문화 서비스]의 패턴이 점차 가속화될 것이며 전체 이미지에 대한 의존도는 빠르게 변화해 나갈 것이다. 이제는 고객을 위한 일이 무엇인가를 놓고 고민해야 하며 고객을 위한 일이라면 즉각 시행할 수 있어야 한다. 이를 위해서 미국의 노드스트롬 백화점은 "어떤 상황에서도 자신이 판단하여 고객에 유리하다고 생각되는 일을 실행할 것 그 이외의 규칙은 없다."는 것을 신조로 삼고 있다.

어떠한 상황에서도 고객은 항상 옳다는 생각을 잊어서는 안 된다.

설사 고객이 고집불통이고 사리에 맞지 않으며 거짓말을 한다 해도 고객은 항상 옳다는 기본자세를 갖고 응해야 한다.

→ 1. "The customer is always right(고객은 항상 옳다)"는 서비스 법칙이 있다. 이 법칙이 무엇을 의미하는지 설명해 보라.

→ 2. 고객은 이제는 神과 같은 절대적인 존재라는 말이 있다. 왜 이런 비유가 가능한지 설명하고 이 같은 고객의 개념이 무엇을 의미하는지 설명하라.

→ 3. "100−1=0"이라는 서비스 법칙이 있다. 이 법칙이 무엇을 의미하는지 설명해 보라.

→ 4. "The customer's need is always progressive(고객의 기대수준은 늘 진보한다)"고 피터 드러커 교수는 말한다. 고객의 기대수준이 이 처럼 달라지는 이유는 무엇일까? 소비 심리차원에서 설명해 보라.

→ 5. 고객을 최고의 귀빈으로 모시는 방법에는 무엇이 있을까? 실천 가능한 방법 10가지만 제시해 보라.

→ 6. 매일 아침 다음 문장을 외쳐 보라.

고객과 논쟁하지 말라
고객을 이기려 들지 말라
고객을 가르치려 들지 말라
항상 고객이 승리자가 될 수 있도록 도와 주어라
고객은 항상 옳다
설사 옳지 않은 고객이 있다하더라도 고객은 항상 옳다고 믿는다.

→ 7. 사이버 상에서도 고객은 항상 옳다. 사이버상에서 고객의 품격을 높이고 귀빈으로 모실 수 있는 서비스 기법을 개발해나가야 경쟁사와 차별화 시킬 수 있으며 고객 감동을 실현할 수 있다. 사이버상에서 고객 감동을 줄 수 있는 서비스 기법에는 무엇이 있을까?

7. Golden rule(골든 룰을 지켜라)

서비스는 눈에 보이지 않는다. 그것을 전달하는 사람의 눈빛, 언어, 행동, 옷차림, 걸음걸이 등 서비스맨의 생활 자체가 서비스 상품이다. 곧 서비스의 질이 사람의 질이고 종업원의 질이 곧 서비스의 질을 결정한다. 종업원은 매사에 예의바르고 뛰어난 서비스맨 이라는 자부심과 함께 자질을 갖추어야 한다.

고객이라는 대중을 만나는 것이 아니라 천차만별의 개성과 각기 다른 감정을 갖고 있는 개개인을 만나는 것이 서비스맨이다.

서비스맨은 직업에 대한 긍지, 자신이 하는 업무에 대한 자신감, 고객을 대하는 기쁨, 최고의 서비스맨 이라는 자부심, 최첨단 서비스 문화의 개척자라는 자부심을 가져야 한다. 이 같은 직업 관은 하루아침에 이루어는 것은 아니며 오랜 시간을 두고 습관화 될 때 이루어지는 것이다.

따라서 기본에 충실하지 못하면 훌륭한 서비스 기술이 나올 수 없다. 서비스란 대단한 것을 외쳐 대고 놀라운 전략을 세워야 좋은 감동으로 이어지는 것이 아니기 때문이다. 필요한 것을 제 때에 잘 실천하면 그것이 좋은 서비스다.

→ 1. "기본에 충실하라". 이 보다 더 좋은 법칙은 없다. 기본기가 무너지면 더 이상의 기술은 기대 할 수 없기 때문이다. 고객을 사랑하고 존중하는 기본적인 마인드부터 갖추는 것이 고객을 감동시키는 훌륭한 서비스다. 당신이 알고 있는 서비스의 기본 룰은 무엇이라고 생각하는가? 10가지만 제시해 보라.

→ 2. 공자는 易地思之(역지사지)가 인간관계의 기본 법칙이라고 말했다. 고객 관리 서비스도 이와 같다. 늘 고객의 입자에서 생각하고 판단하는 자세가 훌륭한 서비스맨의 자세이기 때문이다. 고객을 감동시키기 위한 易地思之 전략에는 어떠한 것들이 있을까? 다섯 가지만 제시해 보라

→ 3. 서비스맨이 갖추어야 할 가장 기본적인 자질은 무엇일까? 가장 중요하다고 생각하는 것 한 가지만 제시하고 그 이유를 설명해 보라.

→ 4. 웃는 얼굴만큼 중요한 것은 없다. 웃는 것만으로도 국제적인 서비스가 이루어진 것이기 때문이다. 서비스맨의 웃음은 어떠한 효과가 있을까? 웃음의 효과를 설명해 보라.

→ 5. "첫 인상이 곧 끝 인상"이라는 서비스 법칙이 있다. 또한 "첫 인상은 두 번 줄 수 없다"는 말도 있다. 이들이 의미하는 바를 설명하라. 그리고 왜 이 처럼 고객을 대하는 서비스맨의 첫 이미지가 중요한지 설명하라.

→ 6. 서비스 기본 룰을 지켜나가기 위해서 서비스맨이 해서는 안 될 일이 있다. 그것이 무엇인지 10가지만 제시해 보라.

8. Humor(유머를 선물하라)

웃음의 가치는 무엇인가? 유머란 고객 서비스에서 어떠한 기능을 하는가? 웃는 사람 주변에 사람이 많이 몰리는 이유는 무엇인가. 웃는 사람에게서 믿음과 신뢰를 더 많이 갖는 이유는 무엇인가. 왜 사람들은 유머형 리더를 존중하고 그들과 함께 어울리기를 바라는가. 직장인에게는 오직 두 부류의 일꾼들이 있다. 똑같은 일을 하면서도 즐겁게 일하는 사람과 그렇지 못한 사람이다. 즐겁게 일하는 사람은 회사를 이끌어 가는 사람이고 그렇지 못한 사람은 어느 직장에 근무하든 타성에 물들어 있고 수동적으로 끌려 다니는 사람이다.

"유머란 오직 인간만이 가질 수 있는 신성한 능력"이라고 융은 지적하고 있다. 유머적인 삶은 나 자신은 물론 주변 사람들, 나아가 조직의 분위기 혁신에도 기여하여 생산성을 향상시키고 업무능률을 통한 비용절감에도 기여한다. 유머는 낯선 사람을 오랜 친구처럼 대하게 하고 거래를 쉽게 성사시키며 감성을 자극하여 숨겨진 잠재 능력을 자극하여 창의성을 발휘하게 한다.

고객과의 거리를 좁히고 인상적인 서비스를 제공하기 위해서는 유머형 리더가 되어야 한다. 웃음 보다 더 강한 접착제는 없다. 고객과 마주보고 웃는다는 것만으로도 신뢰가 구축되어 있다는 것을 말한다.

유머를 구사하라. 고객을 행복하게 하라. 그러면 당신의 미래도 저절로 부유해 질 것이다.

→ 1. 당신은 유머적인, 아니면 무뚝뚝한가? 스스로를 진단해 보라.

→ 2. 고객 서비스에서 유머는 어떠한 기능을 할까? 유머의 기능을 대인관계 차원에서 설명해 보라.

→ 3. 당신이 누군가를 유머 있게 웃겨본 적이 있는가? 그것이 언제 였는가? 그 유머를 지금 말해 보라.

→ 4. 매일 아침 다음 문장을 외워보라.

유머는 농담이 아니다
유머는 웃기는 일도 아니다
유머는 게다가 순간을 모면하는 재치도 아니다
유머는 강력한 커뮤니케이션이다
유머는 설득의 도구다
유머는 사람을 내 편으로 만드는 기술이다
유머는 고객을 감동시키는 훌륭한 노하우다.
유머는 고객과의 관계를 부드럽게 만드는 기술이며 전략이다
유머는 돈이다.

→ 5. 유머감각이 뛰어난 리더들은 어떠한 공통점이 있는가? 또한 훌륭한 유머리스트가 되기 위해서 어떠한 노력이 요구되는가?

→ 6. 재치 있는 말 한 마디가 천 마디 말 보다 낫다. 고객을 감동 시킬 만한 유머서비스의 실례를 들어 보라.

→ 7. 유머는 인간관계를 매끄럽게 만드는 윤활유다. 자신 있게 고객을 웃길 수 있는 유머 다섯 가지를 말해 보라.

→ 8. 서비스 산업을 이제는 감성 산업으로 보아야 한다는 주장이 제기되고 있다. 당신의 의견을 말해 보라.

9. Innovation(혁신적인 서비스를 개발하라)

고객은 우리가 생각하는 것보다 더 괴팍하고 이기적이며 개성이 강한 존재다. 고객의 심리는 예측 불가능하다. 문제는 고객의 욕구를 파악하기 위한 혁신적인 사고와 훈련이 요구된다. 훌륭한 서비스는 학력이나 지식에 의해서 전달되는 것이 아니라 혁신적인 아이디어와 열정에 의해서 고객을 감동시킬 수 있기 때문이다. 항상 벽을 뛰어넘는 자세가 요구된다.

고객의 기대수준을 뛰어넘고 예상치 못한 감동을 이끌어 내기 위해서는 늘 새로움을 추구하는 혁신적이고 창의적인 전략과 서비스 리더십이 요구된다. 고객은 저 멀리 달아나는데 여전히 어제의 자세로 고객을 잡으려 한다면 그는 이미 경쟁사로 넘어간 상태라는 것을 명심해야 한다.

혁신적인 사고와 행동만이 우리의 비전을 제시할 수 있다. 우리의 운명을 바꾸는 것은 외부에서 주어지는 그 무엇이 아니라 말하지 않고서는 견딜 수 없는 안으로부터의 강렬한 열망이다. 이 열망을 낳기 위해서는 혁신적인 사고 훈련이 필요하다.

→ 1. 혁신은 불필요한 규제나 관습을 깨는데서 부터 출발한다. 혁신적인 서비스 리더로 거듭나기 위해서 지금 당장 깨고 바꾸어야 할 것은 무엇인가?

① 지금 당장 깨야 할 것은?

② 지금 당장 창조해나가야 할 것은?

→ 2. 혁신적인 서비스는 꾸준한 자기학습에 의하여 이루어진다. 엘빈 토플러는 무용지식을 들고 나왔다. 현재 알고 있는 지식이 일정시간이 지나면 쓸모없는 지식으로 전락하고 만다는 것이다. 당신이 추구해야 할 자기학습 방법에는 무엇이 있는가?

→ 3.솔개의 평균 수명은 70년이라고 한다. 하지만 모든 솔개가 그렇게 장수하는 것은 아니다. 40년이 지나면 부리가 늘어져 먹이는 잡을 수 없으며 발톱은 무뎌져 쓸모없게 된다. 이 대 솔개는 깊은 숲속으로 들어가 바위에 부리는 부딪치며 피를 토하는 과정을 거쳐 새로운 부리가 나올 때 까지 먹지도 못하면서 혁신의 고통을 기간을 갖는다. 그리고 새로운 부리가 나오면 양쪽 발의 발톱을 물어뜯어 새로운 발톱이 나오기를 기다린다. 드디어 새로운 부리가 강해지고 발톱을 제 기능 발휘하기 시작하면 다시 창공을 날며 나머지 30년을 더 산다. 이러한 솔개의 자기혁신을 통해서 느낀 점을 말해 보라. 그리고 서비스 리더로서 어떻게 변해갈 것인지 각오를 말해 보라.

→ 4. 무엇보다도 혁신마인드(Innomind=innovation+mind)가 요구된다. 모든 것은 마음에서부터 출발하기 때문이다. 혁신적인 서비스 리더의 마음가짐은 어떠해야 하는지 10가지를 제시해 보라.

→ 5. 매일 다음 문장을 외쳐 본다.

혁신은 깨는 것이다

깨지 않는 자는 창조될 수 없다.

혁신은 버리는 것이다.

불필요한 것에 집착하는 자는 혁신적인 리더가 될 수 없다

혁신적인 서비스는 고객의 소리를 귀담아 듣는 것이다.

고객의 소리를 듣지 못하면 새로운 미래를 열어갈 수 없다.

나는 혁신한다

매일 새로움을 꿈꾸며 미래를 창조한다

그러므로 나는 혁신적인 서비스 리더다

➔ 6. 혁신적인 서비스 사례를 말해 보라. 그것으로부터 무엇을 배울 수 있었는가.

10. Judge(고객의 눈으로 보고 고객의 입장에서 판단하라)

칼 알브레이트는 고객의 기대는 항상 진보한다고 말한다. 그만큼 고객의 기대수준을 파악하고 욕구를 찾아내어 충족시키기가 어렵다는 뜻이며 항상 고객의 기대수준을 앞서가는 서비스를 개발하라는 뜻이다.

경영의 어려움은 고객의 마음을 읽기 어렵기 때문이라는 이야기가 있다. 그만큼 고객의 기대수준은 빠르게 변화하고 있는 것이다.

고객의 욕구수준은 저 멀리 가있는데 서비스맨의 자세는 어제와 같이 다름이 없다면 절대 우리편으로 만들 수 없다. 고객을 이해하고 만족시킬 수 있는 아이디어를 개발하기 위해서 고객의 마음을 읽을 줄 알아야 한다.

고객의 기대수준이 날로 향상된다는 것은 기업의 생존방식을 달리해야 한다는 것을 의미한다. 바로 고객의 입장에 서야 한다는 것이다. 고객이 원하는 것이 무엇인지 정확히 알지 못한 상태에서 훌륭한 서비스는 나올 수 없기 때문이다. 고객의 입맛은 까다롭게 바뀌는데 여전히 과거의 레시피(Recipe)를 가지고 고객을 기다린다면 누가 찾아오겠는가?

→ 1. "고객의 입장서 바라보면 모든 것이 새롭다"는 서비스 법칙이 있다. 이 법칙이 무엇을 의미하는지 설명해 보라.

→ 2. 서비스 전략은 낚시론에 비유할 수 있다. 좋은 고기를 많이 잡기 위해서는 어떠한 미끼를 써야 하는가? 또한 좋은 미끼가 갖추어야 할 조건은 무엇인가 설명해 보라.

→ 3. “고객은 럭비공과 같다”는 말이 있다. 이것이 의미하는 바를 설명하라.

→ 4. “고객은 최후의 심판자”라고 한다. 결국 고객의 마음에 들지 않으면 모든 것이 허사라는 말이다. 매일 준비하고 새로운 서비스를 개발하는 것은 고객으로부터 심판받는 과정의 연속이다. 고객으로부터 좋은 심판을 받기위해 사전에 준비해야 할 일은 무엇인가? 10가지만 제시해 보라.

➔ 5. 다음 문장을 매일 아침 외워 보라.

어제의 고객은 오늘의 고객이 아니다.
고객의 기대수준은 매일 높아간다.
고객을 제대로 아는 것이 고객을 감동시키는 것이다.
한 번 거래한 고객의 이름과 소속을 알기 위해 노력한다.
고객의 트렌드가 어떻게 변해 가는지 알기 위해 노력한다.
고객의 작은 소리에도 크게 귀 기울인다.
서비스는 결국 고객이 평가한다.
평가하는 사람의 입맛에 맞추지 못하면 행복한 서비스를 만들어 낼 수 없다.
주방장의 입맛에 맞는 음식을 판다면 어찌 고객을 감동시킬 수 있을 것인가.
고객의 입맛에 맞는 서비스를 판매하기 위해서는 사전에 고객의 요구나 기대수준을 파악하여 이에 맞는 서비스와 상품을 개발해 나가야 한다.

➔ 6. 그동안 불만족스러웠던 서비스를 체험한 사례를 말해 보라. 그때 당시의 느낌을 솔직히 말해 보라. 그리고 거기에서 얻은 교훈은 무엇인지 말해 보라.

11. Knowledge(아는 것만큼 서비스한다)

신지식인은 학력이 높다거나 자격증이나 학위를 소지하고 있는 사람을 말하지 않는다.

학력이 낮고 어려운 환경에 처해있다 해도 자기분야에서 혁신적이고 창의적으로 일을 추진해나가는 사람을 의미한다. 경영환경이 점차 세계화되고 고객의 욕구 또한 다양화되고 있어 차별화의 수단이 더욱 절실해 지고 있다. 지식경영 환경에서는 신지식의 마인드(Mind), 습관(Habits), 스킬(Skill)이 절대적으로 중요하다. 지식경영의 대가인 일본의 노나가 교수는 지식을 크게 두가지 유형으로 분류한다. 자신만이 마음속에 갖고 있는 침묵지와 자신의 지식과 경험을 조직내 구성원과 공유하고 일의 성과를 높여나가는 방법지가 그것이다. 지식은 공유할수록 조직은 번성한다. 자신의 독특한 서비스 기법이나 경험을 동료와 공유할 때 전사적인 고객만족 시스템이 가능할 것이다. 또한 서비스 신지식인은 고객의 지식을 활용할 줄 안다. 고객의 지식을 활용하기위해서는 무엇보다도 고객의 소리에 귀 기울일 줄 알아야 한다.

지식서비스란 지식경영마인드를 갖고 철저한 서비스에 대한 이해와 고객중심의 사고로 무한한 부가가치를 이루어 나갈 수 있는 시스템으로서 무엇보다도 신지식인 자세가 요구된다. 지식이 부의 창출요인이 되고 경쟁력이 된다. 지식이 권력이고 경쟁력이기 때문이다. 빌게이츠가 마이크로 소프트웨어사를 설립했을 당시 그에게는 사무실도, 직원도, 공장도, 후원자도, 자금도 아무것도 없었다. 그가 갖고 있던 것은 오직 지식뿐이었다. 지식만을 갖고 있는 사람이 인류역사상 최초의 세계적인 갑부가 된 사례는 빌게이츠가 처음이다. 이제는 지식경영시대다. 지식이 시장흐름을 좌우하고 미래를 결정하는 시대다. 지식서비스는 신지식인 마인드에서 나온다. 신지식이란 학력이 높다거나 자격증을 갖고 있다거나 경력이 뛰어난 사람을 의미하지 않는다. 현재 자신의 위치에서 일을 혁신적으로 개척하고 성실하게 열정적으로 살아가는 사람을 일컫는다.

어느 분야에서 무슨 일을 하든 주어진 환경에서 최선을 다하고 참신한 아이디어를 낼 수 있다면 누구나가 신지식인이 될 수 있다.

→ 1. 당신은 지식지수(KQ: Knowledge Quotient)를 높여나가기 위하여 평소에 어떠한 노력을 하는가?

→ 2. 지식서비스 리더로 선장하기 위해서는 마음자세(Mind), 기술(Skill), 습관(Habit)이 중요한 요소다. 당신 스스로 이 세 가지 요인은 어떠한지 진단해 보라.

① Mind

② Skill

③ Habit

③ Habit

→ 3. 전통적인 지식과 신지식의 차이는 무엇인지 설명해 보라.

① 전통적인 지식

② 신지식

② 신지식

→ 4. 다음 문장을 매일 아침 외워 보라.

나는 어제의 내가 아니다.
고객보다 앞서가기 위해 새로운 지식으로 무장해야 한다.
지식이 서비스다.
알지 못하면 팔지 못하며 팔지 못하면 나의 존재는 없는 것이다
나는 지식인이 아니라 신지식으로 거듭나기 위해 매일 혁신한다.
나는 신지식으로 매일 나를 창조해 나간다.
신지식 서비스, 이것이 나와 나의 기업의 경쟁력이다
나는 지능지수(IQ)보다 지식지수(KQ)가 고객감동 서비스의 핵심역량이라고 믿는다.

12. Leadership(리더십을 구축하라)

모든 일의 성패는 리더십에 달려있다고 존 맥스웰은 말한다. 그만큼 리더십은 인생의 성패를 좌우하는 핵심역량인 셈이다.

리더십(leadership)이란 상황에 따라 천차만별의 의미를 갖기 때문에 모든 상황에 적합한 정의를 찾기란 힘들다. 문제는 올바른 리더십을 향상시킬 수 있는 리더십구축이 선행되어야 한다는 것이다. 올바른 리더는 리더십의 뿌리가 단단한 상태에서 나올 수 있기 때문이다. 리더십에 대한 정의가 다양함에도 불구하고 한 가지 공통점에 자신에게나 타인에게 영향력을 미치는 과정이라는 점

이다. 영향력 행사를 통하여 태도를 변화시키고 목표를 달성해 나가는 공공의 선을 추구해 나간다는 점이다.

리더는 혼자만으로는 존재할 수 없다. 이끌고 영향을 미칠만한 대상, 즉 부하나 동료, 고객 등 사람이 있어야 한다. 이끈다는 말은 모범을 보인다는 의미가 있다. 이끌기 위해서는 솔선수범하는 자세와 남보다 앞서가는 전문지식이 있어야 한다. **리더는 모든 면에서 남보다 앞서가는 능력과 비전이 있는 사람이어 한다.**

→ 1. 서비스리더의 자질에는 무엇이 요구되는가? 서비스 리더십의 요소를 설명해 보라.

→ 2. 자신의 Self-Leadership을 강화시키는 방법에는 무엇이 있는지 제시해 보라.

→ 3. Leadership의 구성요인은 다음과 같이 10가지로 분류해 볼 수 있다. 각각의 의미를 설명해 보라.

① Lead하라

② Energize하라

③ Aiming하라

④ Desire하라

⑤ Enthusiasm을 가져라

⑥ Relating 하라

⑦ Self –confidence를 가져라

⑧ Habit를 가져라

⑨ Innovation하라

⑩ Purpose를 가져라

13. Mind(서비스 마인드로 무장하라)

"성공은 늘 긍정적으로 생각하는 사람들의 몫이며 그것을 지켜내는 것 또한 긍정적인 사람들의 차지다"라고 나폴레온 힐은 일찍이 말한바 있다. 부정적인 사고에서는 어떠한 에너지도 비전도 열정도 기대 할 수 없기 때문이다. 틱낫한 스님은 "화가 풀리면 인생이 풀린다"고 말한다. 이 말은 화를 가둘수록 인생은 엉망이 되고 긍정적인 마음으로 살라 가는 것이 곧 인생을 승리로 만든다는 것을 의미한다.

긍정적인 마음 ,웃음을 잃지 않는 자세야말로 고객을 움직이게 하고 개인 뿐 아니라 그가 속한 가정, 기업, 사회, 나아가 인류의 변화를 가져온다.

서비스 리더의 조건은 긍정적인 마음을 잃지 않는 마음에 있다. 서비스리더로서 성공하고 일을 놀이처럼 즐겁게 할 수 있는 긍정적인, 사고에는 무엇이 있는가. 지금 당장 실천 할 수 있는 일을 생각해 에너지 넘치는 서비스를 개발해 보자 긍정적인 마음을 경영하는 것이야 말로 서비스 리더의 자질이 아닐까?

→ 1. **PMA(Positive Mental Attitude), 즉 긍정적인 마인드를 가져라. 서비스 리더의 자질은 긍정적인 마인드에 뿌리를 두고 있다. 긍정적인 사고야 말로 경쟁력이며 성공과 행복의 조건이다. 당신은 긍정적인가. 당신 자신에 대하여 말해 보라.**

→ 2. 긍정적인 언어에는 어떤 것들이 있는가? 10가지만 나열해 보라.

→ 3. 부정적인 언어에는 어떠한 것들이 있는가? 10가지만 나열해 보라.

→ 4. 다음 글을 읽고 느낀 점을 말해 보라.

대부분의 독재자들이 그렇지만 스탈린도 말년에는 주위의 암살이 두려워 침실을 네 개나 만들어 본인말고는 어디에서 자는지 아무도 모르게 했다. 그리고 침실 문도 본인만이 알 수 있는 암호로 만들어 놓아 누구의 출입도 불가능하게 했다. 그런데 어느 날 정오가 다가오는데도 인기척이 없자 밖에서 기다리던 경비병이 문을 열고 들어 가보니 혈압으로 쓰러져 있었다. 스탈인은 이후 며칠만에 세상을 떠났다. 어찌 스탈린만이 세상이 무서워 담을 쌓고 무거운 철장 문으로 자신을 보호하고 있다고 말 할 수 있을까. 우리들 대부분은 보이지 않는 철문으로 자신을 이중 삼중 잠그면서 살고 있다.

→ 5. 다음은 링컨의 이력서다. 링컨의 성공요인과 존경받는 요인이 무엇인지 설명해 보라.

이 사람은 22세에 사업에 실패했다
23세에 주 의회 의원에서 낙선했다
24세에는 사업에서 또 실패했으며
25세에는 주 의회 의원에 당선되어 잠시 기쁨을 누렸으나
26세에는 사랑하는 여인을 잃고 낙심하여
27세에는 신경쇠약과 정신분열증으로 고생하였다
29세에는 하원의장 선거에서 낙선했으며
31세에는 대통령선거에 출마했다가 낙선했으며
34세에는 국회의원 선거에서도 낙선했다
37세에는 다시 도전하여 국회의원에 당선되었지만
39세에 국회의원 선거에서 다시 낙선하였다
46세 다시 도전한 상원의원 선거에서도 낙선하였고
47세에 도전한 부통령의 선거에서도 낙선의 아픔을 맛보아야 했다
49세에는 상원의원 선거에서 낙선했다
드디어 51세에 미합중국의 대통령이 되었다
그의 이름은 링컨이다

→ 6. 다음 문장을 매일 아침 외쳐 보라

나는 긍정적으로 생각한다
나는 긍정적으로 행동한다.
그러므로 나는 긍정적인 리더다

14. Neat(서비스 공간을 청결하고 쾌적하게 하라)

서비스를 제공하는 공간은 청결하고 깔끔한 분위기를 연출해야 한다. 이제는 감성소비 시대요, 소비자의 감성을 자극하여 만족도를 높여나가는 일이 서비스의 전략이 되기 때문이다. 인체공학적 시설과 매장환경을 통하여 감성분위기를 한 단계 높여 나갈 수 있다. 조명, Lay-out, 동선, 화장실, 입구, 카운터, 내부장식, 색상 등 인테리어적 요소인 물리적 시설환경(Physical evidence)에 투자와 관리가 무엇보다도 중요하다. 고객의 만족도는 직원과의 접촉 뿐 아니라 시설환경과의 접촉순간에 더 친밀감이 형성된다. 고객이 수용하는 서비스 중에서 사람에 의한 서비스는 전부가 아니라 서비스의 일부이기 때문이다.

"화장실의 청결상태를 보면 그 기업이 고객을 어떻게 대하고 있는가를 알 수 있다"는 말은 고객을 위한 세심한 배려가 어느 한 부분도 소홀히 할 수 없음을 강조하는 것이다.

시설환경 못지 않게 중요한 것은 직원들의 용모관리이다. 서비스기업체에서는 시설이나 직원의 외모자체가 서비스상품이기 때문이다. 깨끗한 유니폼은 일관된 서비스가 제공되고, 신뢰성이 애음을 나타내준다. 믿음을 높여주는 것이다. 서비스맨의 철저한 자기관리가 서비스의 품질을 높이는 지름길이다.

→ 1. 당신이 방문했던 서비스 매장 중에서 가장 인상적이고 기억에 남는 공간은 어디였는가? 그곳의 매장 공간의 분위기를 설명해 보라.

→ 2. 서비스 공간을 감성적이고 쾌적한 분위기로 만들기 위해 갖추어야 할 요인에는 무엇이 있는가? 실천 가능한 요인을 10가지만 제시해 보라.

→ 3. 다음 지침을 매일 업무 시작 전에 점거해 보라.

1) 얼굴- 화장이 지나치지 않는가
   눈은 충혈되어 거부감을 주지 않는가
   면도는 제대로 되어있는가
2) 머리 - 단정하고 청결한가
   회사의 이미지에 어울리는가
3) 복장 - 구겨져 있지 않는가
   너무 화려하지 않는가
   명찰은 착용했는가
4)구두 - 깨끗한가 / 구겨신지는 않았는가
5) 화장실-쾌적하고 청결한 이미지를 갖고 있는가
   빗과 타올, 휴지 등은 제대로 비치되어 있는가
6) 안내책자-브루슈어는 잘 정돈되어 있는가
   안내책자는 청결하며 최신의 정보를 담고 있는가
7) 인테리어 장식물-제 위치에 잘 정돈 되어 있는가
   기업의 이미지와 취급하는 상품에 맞는 구색을 갖추고 있는가

→ 4. 쾌적 공간을 위해 매일 점검해야 할 물리적인 시설관리에는 무엇이 있는지 10가지만 제시해 보라.

➔ 5. 마케팅 전략에서 4P Mix가 강조된다. 이는 Product(상품), Place(유통), Promotion(축진), Price(가격)이 잘 균형을 맞추어야만 고객만족을 높이고 판매를 극대화 할 수 있다는 전략이다. 그런데 서비스 마케팅은 여기에 3P Mix를 추가해야 한다. 여기서 3P란 Participants(참여자), Physical evidence(물리적인 시설환경), Process of service(서비스 전달과정)을 말한다. 서비스기업에서 이처럼 물리적인 환경 관리가 중요한 요소로 등장하는 이유는 무엇인지 설명하라

15. Mind(마음을 열어라)

마음의 문을 열지 못하면 결코 고객과 가까워 질 수 없다. 고객 서비스의 핵심은 고객을 사랑하는 것이다. 게다가 마음이 열려야 고객의 소리를 귀담아 들을 수 있다. 마음의 문을 여는 것이 어떤 전략보다도 우선되어야 한다. 고객과의 신뢰는 머리를 여는데 있지 않고 마음을 여는데서 부터 시작하기 때문이다.

마음의 문을 열고 고객의 소리를 귀담아 듣는 것은 고객에 대한 서비스의 질을 향상시킬 뿐 아니라 지속적이고 항구적인 고객관계를 수립하는 기본전략이 된다. 고객의 소리를 얼마나 정책에 반영하는가가 서비스 마케팅의 핵심적인 과제로 제기되고 있는 이유는 고객의 불평불만이 곧 기업이 개선해야 할 현안 문제이기 때문이다.

진정한 고객의 소리는 귀로 듣는 것 마음의 문을 열지 않고는 원활한 인간관계나 서비스전략은 어렵다. 사람에 의한 인적서비스나 제도, 정책, 서비스 전달과정과 같은 서비스시스템 모두가 개방적이고 오픈된 상태에서 고객의 접근을 용이하게 한다. 마음의 문을 열면 긍정적이고 개방적인 서비스전략을 전개시켜 나갈 수 있으며 고객중심의 서비스철학과 서비스문화를 형성해 나갈 수 있다. **불만고객의 의견을 청취하는 기술은 무엇보다도 두 귀로 듣는 것 이상의 열린 마음의 준비가 필요하다.**

열린 마음, 열린 서비스, 이것이 고객중심 서비스를 실현해 나가는 길이다. 이 아니라 마음으로 들을 수 있다는 것을 아는 것이 훌륭한 서비스 리더의 자질이다.

→ 1. VOC(Voice of customer), 즉 고객의 소리를 귀담아 들어야 진정한 서비스를 제공할 수 있다. 고객의 소리를 귀담아 듣는 자세는 무엇인지 10가지만 제시해 보라.

→ 2. "Listen first, Speak second(듣는 것이 먼저고 말하는 것은 나중이다)"라는 경청의 법칙이 있다. 고객 관리에서 경청의 의미를 설명해 보라.

→ 3. "고객의 소리(VOC)는 최고의 정보"라는 법칙이 있다. 고객관리에서 고객의 소리를 경청하는 것이 얼마나 중요한 가를 보여주는 법칙이 아닐 수 없다. 그동안 체험한 서비스 중에서 고객의 소리를 이처럼 중요하게 생각하는 기업은 어디이며 그곳의 특성을 설명하라.

➔ 4. 좋은 경청자와 그렇지 못한 경청자의 차이는 무엇인가. 혹은 혹은 당신은 어떤 유형의 경청자인가? 이를 설명해 보라.

➔ 5. 다음 문장을 매일 아침 외쳐라.

나는 나의 이야기를 하기 전에 상대방의 말을 귀담아 듣는다
나는 123화법을 따라 고객을 대한다
나의 이야기는 1분 이내에 끝내고
고객이 2분 이상 이야기하게 유도하며
세 번 이상 반응한다.
나는 귀를 열기에 앞서 마음부터 연다.
고객의 소리는 마음으로만 들을 수 있다.

→ 6. 다음 문장을 읽고 느낀 점을 말해 보라.

잠 못 이루는 스트레스성 과민환자에게 진짜치료약을 주면서 환자의 말을 듣지 않는 것과 거짓약으로 비타민제를 주면서 환자의 불평, 어려움, 갈등 등 온갖 문제를 빠짐없이 들어준다면, 거짓약을 먹지만 자신의 고통을 적극적으로 경청해주는 환자의 치료율이 상대적으로 높다는 것이다. 이것이 Placebo(거짓약효과)효과다.
그만큼 상대의 말에 귀 기울이는 것은 커뮤니케이션에서의 효과를 극대화시킬 수 있는 일이기도 하다.

■ 느낀점

16. Personalized service(맞춤식 서비스를 제공하라)

모든 고객이 VIP다. 고객 없이 존재 할 만한 기업은 없으며 고객이 없는 사람은 아무도 없기 때문이다. 이제는 기업의 자산관리 항목에 가치 있는 고객을 얼마나 확보하고 있는 가부터 밝혀야 한다. VIP고객 중에서도 MVC(most valuable customer)고객을 발굴하여 나가는 것이 훌륭한 서비스로 가는 길이다. 고객은 대중이 아니라 개인이다.

고객은 그저 익명 적인 존재가 아니라 확실히 드러나고 구분되어져야 할 독특한 개인이다. 고객(顧客)은 대중적인 욕구와 동일한 성향을 갖고있는 존재다. 이는 과거의 개념이다.

이제는 개객(個客)의 시대다. 10인 10색, 100인 100색의 소비 행태가 지배하는 다루기 힘들고 변덕스럽고 까다로운 말썽꾸러기 존재들이다. 고객만족 서비스를 이루어 나가기 위해서는 고객을 집단의 개념으로 보지말고 까다로운 이기적인 한 개인으로 보는 눈이 필요하다. 표준화된 서비스는 더 이상 고객감동을 불러올 수 없다. 고객을 한 개인으로 볼 수 있는 차별화 된 서비스 , 개개인의 욕구와 기대를 충족시킬 수 있는 맞춤서비스를 개발해 나가야 한다. 이제 고객서비스의 핵심을 고객 개개인의 관심에 초점을 맞추는 개별화 된 서비스를 실시 해나가야 한다.

고객에게 서비스를 맞추지 말고 개인에게 초점을 맞추어라. 더 이상 고객은 대중이 아니라 개인으로 존경 받기를 원한다.

1. 대중서비스의 한계는 무엇이라고 생각하는가? 이는 고객을 개인적인 존재로 보지 않고 하나의 동일한 욕구를 가지고 있는 집단으로 본다는 것이다. 개인의 개성이 존중되는 사회에서 대중 서비스는 생명력을 잃어가고 있다. 대중 서비스의 한계를 지적하고 이를 비판해 보라.

① 대중서비스의 한계

② 대중서비스의 비판과 새로운 서비스 개념 제시

→ 2. 맥도날드식 표준화 된 서비스를 받았을 때하고 개개인에 관심을 갖고 맞춤식으로 제공하는 서비스를 받았을 대의 느낌의 차이는 무엇인가 설명해 보라.

→ 3. 고객을 1:1로 관리하는 맞춤식 서비스의 장점은 무엇인가 설명해 보라

→ 4. 고객의 개성을 존중하고 고객감동을 이끌어내기 위한 맞춤식 서비스 기법에는 어떠한 것들이 있는가. 이를 10가지만 제시해 보라.

→ 5. 다음 문장을 매일 아침 외쳐 보라.

고객은 대중이 아니다.
고객은 개인이다.
모든 고객은 동일하지 않다.
모든 고객은 독립적이며 자기만의 요구를 갖고 있다.
그러므로 개개인의 욕구를 파악하여 관리하는 것이 서비스의 생명이다.
모든 고객은 차별화된 서비스를 원한다.
고객을 나에게 맞추기를 기대하지 마라
내가 고객에게 눈높이와 기법을 맞출 때 비로소 고객은 나의 파트너가 된다

→ 6. 맞춤식 서비스(Customized service)를 받아본 경험이 있는가? 그 기업의 현황을 자세히 소개하고 그 느낌을 나누어 보라.

① 기업소개

② 맞춤식 서비스의 느낌

② 맞춤식 서비스의 느낌

17. Quality(서비스의 품격을 높여라)

이제는 고객행복의 시대다. 기업이 고객을 행복하게 하는 것은 의무이며 생존방법이다.

고객을 주인으로 섬기는 섬김의 경영, 이것이 21세기 서비스 경영이다.

고객이 행복하면 기업이 행복하다. 기업이 행복하면 각 구성원이 행복하고 각자가 행복하면 가정이 행복하다. 가정이 행복하면 사회가 행복해 진다. 고객행복은 모두의 업무다.

고객을 행복하게 하는 기업만이 고객으로부터 인정받을 수 있다. 고객으로부터 인정받는 기업만이 생존할 수 있다. 아리스토텔레스는 인간의 행위는 그것이 무엇이든지 궁극적으로는 행복을 찾기 위한 것 이 라고 했다. 이제 고객을 행복하게 할 수 있는 서비스기법을 터득하라. 그것이 나의 행복이기 때문이다.

고객감동을 이끌어내고 고품질 서비스를 지속적으로 개발해 나가기 위해서는 지속적인 서비스품질관리가 이루어져야 한다. 서비스는 일반제품과는 달리 눈에 보이지 않는 무형성, 생산과 소비의 동시성, 재고 불가능성, 현장에서만 나타나는 소멸성, 종업원에 대한 지나친 의존성 등의 특성은 갖고 있어 품질관리 하는데 어려움이 있다.

무조건 친절이나 베푸는 것이 서비스는 아니다. 그것은 서비스의 한 방법일 뿐이다. 고객과의 신뢰를 구축하여 고객을 유지하고 매출액을 향상시킬 수 있는 기본원칙이 있어야 한다.

이러한 의미에서 서비스는 두 가지 차원에서 이해되어야 한다. 하나는 마인드 개선이고 또 하나는 태도의 변화다. 전자는 봉사론적인 개념으로서 고객을 존중하고 주인으로 섬기는 내용이며 후자는 행동론적인 개념으로 서비스맨의 자세, 기술, 방법, 표정, 용모 등을 의미한다. 서비스에 대한 올바른 이해와 고객을 존중함으로써 기업이 얻게 되는 궁극적인 혜택 등에 대한 기본적인 마인드의 개선 없이는 올바른 서비스를 표현할 수 없다.

이를 위해서는 지속적인 서비스 품질(Service Quality)가 이루어 져야 한다.

→ 1. 서비스는 제조 상품처럼 눈에 보이지 않기 때문에 품질관리가 어렵다. 품질관리를 이루기 위해서는 무엇보다도 서비스 상품의 특성을 이해해야 한다. 제조 상품과 달리 관광 서비스 상품이 갖는 특성을 10가지만 제시해 보라.

→ 2. 고품격 서비스(High Quality Service)를 창조해 나가는 것이 기업의 경쟁력을 높이고 차별화 시켜 나가는 길이다. 이 처럼 서비스의 품격을 높이고 고객의 수준을 높여나가는 방법에는 무엇이 있는지 설명하라.

→ 3. 서비스경영학의 대가인 Parasuraman, Bery, Zeithmal은 서비스의 품질관리 요인으로 다음과 같은 10가지 개발했다. 이 요인들이 무엇을 의미하는지 설명해 보라.

① 유형성

② 신뢰성

③ 반응성

④ 접근용이성

⑤ 예의성

⑥ 의사소통

⑦ 신용성

⑧ 안전성

⑨ 고객에 대한 이해

18. Relationship(고객과의 관계를 강화하라)

고객서비스 전략은 고객 사랑이다. 사랑은 지속적일 때 아름답다. 일회성 거래를 위한 사랑이 아니라 한 번 맺은 인연을 지속 시켜나가는 것이 목표이기 때문이다. 지속적인 고객관계를 만들어 나가는 것이 서비스 리더십이기 때문이다. 한 번 고객을 평생고객을 이끌어나갈 수 있는 노하우를 개발하는 것이 진정한 고객중심의 서비스 전략이라고 할 수 있다.

과거에는 단순히 고객과 기업간의 거래 혹은 교환중심의 마케팅이었다면 앞으로는 경쟁우위를 확보하고 기존 고객의 우수성을 유지해 나가면서 강한 유대관계를 통하여 중장기적인 이익을 창출하고자 하는데 의의가 있다.

고객과의 관계를 강화시켜 나가면 기존 우량고객을 통하여 신규고객 창출에 기여할 수 있으며, 기존의 관계차원을 제고시켜 고객의 충성도를 확보하는데 기여한다.

서비스기업에서 고객과의 관계가 강화되면 고객만족도가 높아지며, 고객만족도가 높으면 당연히 직원만족으로 이어져 이직률이 낮아진다. 또한 기존 만족고객의 입 광고(Service Virus)를 통하여 기업홍보에도 큰 영향을 미친다. 이는 고객의 입장에서도 마찬가지이다. 한 기업이나 상품과 서비스를 지속적으로 이용할 경우 포인트 제도, 마일리지 서비스 제도의 혜택을 각종 인센티브를 받을 수 있는 기회를 얻을 수 있는 장점이 있다.

나만을 위한 나만의 서비스를 개발하기 위해서는 고객 개개인의 소비특성과 거래실적, 레저욕구 등을 파악하여 이를 바탕으로 고객서비스를 전개시켜나간다.

서비스의 개인화를 촉진해 나감으로써 고객과 기업, 고객과 직원 상호간의 신뢰 형성과 관계지향적인 마케팅 차원으로 발전해 나갈 수 있다.

우량고객으로는 부족하다. 이제는 평생고객의 시대다. 평생고객관리를 통해서 고객의 평생 생애가치(Lifelong Value)를 얻어야 한다. 많은 기업이 키즈 마케팅(Kids Marking)에 주력하는 것은 어려서부터 회사의 브랜드나, 이미지에 길들여지게 하는 장기적 안목을 위해서이다.

→ 1. 가장 무서운 고객은 두 번 다시 오지 않는 고객이라고 한다. 이 법칙이 의미하는 바를 설명하라.

➔ 2. 고객과의 관계를 지속시켜나가고 평생 고객으로 만들어나가기 위해서는 고객을 단순히 판매대상으로 보지 말아야 한다. 고객을 만족시켜나가야 할 대상으로 보아야 하기 때문이다. 판매대상과 만족시켜냐 할 대상의 차이는 무엇인가 설명하라

① 판매대상

② 만족시켜나가야 할 대상

② 만족시켜나가야 할 대상

→ 2. 한 번 고객을 평생고객으로 만들어나가는 기법에는 무엇이 있는가? 10가지만 제시해 보라.

→ 3. 21세기는 관계지수(RQ: Relationship Quotient)가 모든 것을 좌우하는 시대다. 고객과의 관계지수를 높여나가는 것이 성공적인 고객관리라고 볼 수 있다. 당신이 단골로 거래하는 기업의 관계지수를 말해 보라. 그리고 그 기업의 서비스 전략을 말해 보라.

➔ 4. 다음 문장을 매일 외쳐 보라.

가장 무서운 고객은 두 번 다시 오지 않는 고객이다.
하지만 한 번 고객을 평생고객으로 만들어 나갈 수 있다.
고객은 우리가 가진 최고의 자산이다.
고객관계지수를 높여라
고객 감동 지수가 높을수록 기업의 성장속도는 빨라진다.

➔ 5. 이제는 우량고객이 아니라 평생고객을 만들어 나가야 한다. 평생고객의 개념을 설명하라.

19. System(서비스 시스템을 구축하라)

서비스의 핵심은 일관성을 유지하는 것이다. 매번 웃는 방법이 달라지고 인사하는 태도가 달라지고, 고객을 대하는 태도에 일관성이 없다면 지속적인 고객감동을 이끌어 낼 수 없다. 일관적이고 변화 없는 서비스를 제공하기 위해서는 서비스 매뉴얼을 구축하여야 한다. 그리고 서비스 시스템을 구축하여 이를 업 데이트 시켜나갈 수 있는 전략이 필요하다.

예를들면 기계처럼 자동으로 입에서 튀어나오는 서비스 바이러스는 자칫 말로만 떠드는 립 서비스(Lip service)에 그칠 수 있다. 이런 경우 고객은 오히려 거부감을 느끼기 십상이다. 립 서비스를 지양하기 위해서는 옷차림, 걸음걸이, 얼굴 표정, 태도 등이 언어와 조화를 이루어야 한다. 서비스 바이러스는 종합예술이기 때문이다

서비스시스템을 갖추기 위해서는 기본적으로 서비스철학이 뒷받침되어야 한다. **서비스를 존중하고 고객을 주인으로 생각하며, 고객을 위한 이익창출이 기업의 번영이라는 서비스지향적인 사고가 우선되어야 한다.** 이를 위해서는 직원 모두가 대표자라는 인식을 심어줘야 한다. 주인정신이야 말로 개인의 성공은 물론 기업의 번영을 약속하기 때문이다.

→ 1. 당신의 서비스 철학은 무엇인가? 이를 설명해 보라.

→ 2. "앵무새는 인사하는 것이 아니라 흉내는 것"이라는 법칙이 있다. 이 법칙이 무엇을 의미하는지 설명하라.

→ 3. 고객을 기다리게 하는 것은 고객의 돈과 시간을 빼앗는 것이다. 그래서 일부 기업에서는 전화서비스에서 고객에게 즉각적인 서비스를 제공하기 위해 "365-24, One Dial System을 구축하고 있다. 누구든지 어지에서 걸려오는 전화라도 고객을 기다리게 하지 않고 한 번에 해결할 수 있다는 것이다.. 이러한 제도의 장점에는 무엇이 있는지 설명하라.

→ 4. 고객만족헌장을 만들어 보라.

5. "4-Ware service system"이 있다. 원만한 서비스가 이루어지기 위해서는 네 가지 차원에서 서비스 시스템을 구축하여야 한다는 것이다. 즉 Hardware, Software, Humanware, Netware를 말한다. 이들 각각에는 어떤 요인들이 포함되는지 말해 보라.

① Hardware system(물리적인 시설 환경 요인)

② Software system(무형적인 전략이나 제도요인)

③ Netware system(사이버상에서 구축할 수 있는 요인)

④ Humanware(인적구성요인)

→ 5. 매일 아침 다음 문장을 외쳐 보라.

서비스는 입에서 나오는 것이 아니라 시스템에서 나온다.
앵무새는 인사하는 것이 아니라 흉내 낼 뿐이다
가장 좋은 서비스 시스템은 나의 성실함에 있다.

20. Technique(서비스 테크닉을 개발하라)

서비스는 기술이며 과학이다. 나아가 종합예술이다. 서비스 테크닉을 개발해 나가는 것이 고객중심의 시스템을 갖추는 일이다. 또한 서비스는 지식이 아니라 행동이며 전달 능력이다. 따라서 표현 능력이 뒤따라야 한다. 언어적 비언어적 커뮤니케이션 능력을 개발해 나가는 것이 중요하다. 서비스맨이 사용하는 언어는 간단하고 핵심을 찌르는 내용이라야 한다. 고객의 말을 가로막지 말고 그가 원하는 바를 충분히 이해한 후 간단명료한 응대가 요구된다. 말을 많이 하면 할수록 고객을 설득시킨다는 생각은 버려야 한다.

종업원의 말이 많을수록 오히려 고객은 짜증을 내게 되고 불신하기 쉽다는 것이다. 흔히 대화의 원칙으로 2S 1W를 들고 잇다. 짧고 간결하게(Short), 소금 맛처럼 짜게 하고, 핵심을 찌는 (Salt), 그리고 유머(Wit)가 뒷받침되어야 한다.

종업원이 사용하는 말 한마디 한마디는 곧 그 업장이나 회사의 이미지를 나타내고 서비스 수준을 말해 준다. 종업원의 말투는 그 회사의 교육·훈련수준을 말해 주며 경영주의 관리 능력을 나타내 준다. 따라서 그 회사 제품이나 시설환경, 분위기, 마케팅 전략을 반영할 수 있는 언어가 곧 상품이라 할 수 있다.

간단하게 말하라. 그리고 정확하게 답변하라. 그러기 위해서는 고객의 소리에 귀 기울이며 항상 고객의 마음 가운데 살 수 있는 준비가 되어 있어야 한다.

→ 1. 서비스 커뮤니케이션을 향상시켜나가는 방법에는 무엇이 있는가. 이를 10가지만 제시해 보라.

→ 2. 당신은 커뮤니케이션이 탁월한가 아니면 늘 부족하다고 느끼는가. 자신의 커뮤니케이션 스타일을 분석해 보고 장단점을 말하라.

→ 3. 말을 잘해서 이득을 본 경우가 있는가, 아니면 말을 잘 못하여 어려움을 겪은 적이 있는가. 언제 어떤 경우였는지 사례를 들어 설명해 보라

→ 4. 1분 안에 가장 자신 있게 자신을 소개해 보라. 간결하고 핵심적이며 인상적인 스피치를 구사해 보라.

→ 5. 다음 문장을 매일 아침 외쳐 보라.

나는 표준어를 구사한다.
나는 신뢰감을 주는 언어습관을 길들여 나간다.
나는 고객중심의 언어습관을 유지한다.
나는 상대방과 윈-윈하는 쌍방향 커뮤니케이션을 개발해 나간다.
나는 입으로만 말하지 않으며 마음으로 말한다.
나는 장사꾼처럼 말하지 않는다.
나는 강요하는 듯 한 느낌을 주지 않는다.
나는 듣는 자세부터 갖춘다.

→ 6. 커뮤니케이션의 역할과 그 중요성에 대하여 말해 보라.

① 커뮤니케이션의 역할

② 커뮤니케이션의 중요성

→ 7. 당신만이 갖는 서비스 테크닉은 무엇인가? 남이 따라 올 수 없는 특성을 말하라.

21. Understanding(고객을 이해하기 위해 노력하라)

서비스는 일방적으로 전달하는 것이 아니라 서비스는 일방적으로 전달하는 것이 아니라 고객을 제대로 이해하는 일에서부터 출발해야 한다. 아무리 훌륭한 서비스라 해도 고객이 만족하지 못하면 의미가 없기 때문이다. 이는 아무리 훌륭한 주방장이라 해도 고객의 입맛에 맞는 메뉴를 개발하지 못하며 허사가 되고 만다는 의미와 같다. 최고의 서비스는 고객의 마음을 읽고 이해하려는 배려에서 나온다는 것을 명심하라.

사람은 누구나 나이나, 직위를 떠나 인정받고 칭찬 받고 싶어 하는 강렬한 욕구가 있다. 이러한 기본 욕구를 충족시킬 수 있는 사람이 서비스를 제대로 알고 실천하는 사람이다. 직원은 사장으로부터, 시장은 시민으로부터, 인정받고 싶어 한다. 대통령은 세계 언론으로부터, 한시대의 지도자로 인정받고 싶어 한다. 고객은 소비과정을 통해서 직원으로부터 인정받고 칭찬 받고 싶어 한다. 학교에서 학생들을 대하다 보면, 칭찬의 효과가 얼마나 열정적인 힘을 갖게 하는 가를 느낄 때가 많다. 우연히 지나가는 말로 칭찬해 주었던 학생이 지각도 안하고, 놀라울 정도로 달라져 가는 모습을 보면 우연한 칭찬의 말 한마디가 그 학생에게는 자신을 변화시킬 수 있는 큰 힘이 된 것이나 다름없다. 다른 교수한테는 눈 밖에 난 학생을 면담하고 그 학생의 어려움을 들어주면 다음날부터 무언가 눈에 띄게 달라져 가는 모습을 볼 수 있다. 전후사정을 분석해 보면 그런 학생들은 가정에서도 칭찬을 받지 못하고 인정받지 못하면서 자라온 학생들이다. 자신의 존재를 인정해 주고 칭찬해 주는 사람 앞에서는 숨겨진 본성을 드러낸다. 내가 근무하는 학교 정문에는 "서로 칭찬합시다"라는 문구가 달려 있다. 학교에 들어갈 때마다 오늘은 누구를 칭찬할까 어떻게 칭찬할까를 한번쯤 생각해 본다. 이것은 조직의 서비스 문화를 창출해 나가는 습관이므로, 학교 안에 있는 모든 구성원들에게 감염되리라 확신한다. 고객은 돈을 소비하면서 존재를 확인 받고 싶어 하며 인정받고 싶어 하는 충동을 갖는다. 이러한 고객의 기본 심리를 존중할 줄 아는, 서비스 지혜가 필요하다. 그것이 고객을 이해하는 길이며 감동시키는 출발이기 때문이다.

→ 1. 고객을 이해하고 감동시키기 위해서는 고객의 기본 심리를 이해해야 한다. 고객이 심리적으로, 사회적으로 갖는 기본 심리는 무엇인지 10가지만 제시해 보라.

→ 2. "고객은 럭비공과 같다"는 말이 있다. 이 말의 의미를 설명하라.

→ 3. 이제는 MS(Market Share)가 아니라 MS(Mind Share)라는 말이 있다. 이는 시장 점유율 보다 중요한 것은 고객의 마인드를 지배해야 한다는 것이다. 점차 고객의 마인드 점유율이 중요해져 가는 이유는 무엇인지 말해 보라.

→ 4. 소비자는 모두가 개성의 지배를 받는다. 그래서 만인을 충족시킬 수 있는 서비스 기법을 개발하기가 어렵다. 특히 100인 100색, 10인10색이라는 고객의 기호를 나타내는 법칙이 있다. 고객의 심리를 이해하고 감동시켜 나가는 법칙에는 무엇이 있을까 설명하라.

→ 5. 고객은 더 이상 이성적인 감동에 머물지 않는다. 이제는 감성적인 소비에 의존하는 경향이 있다. 특히 정서적 서비스 기술이 절실히 요구되고 있다. 아성적인 소비와 감성적인 소비는 어떻게 다른가 설명하라.

① 이성적인 소비

② 감성적인 소비

→ 6. 서비스 기업에서 고객이 궁극적으로 구매하는 것은 상품이 아니라 가치다. 가치구매 시대에 고객의 원하는 가치는 무엇인가. 외식 소비자가 원하는 가치란 무엇인가 말해 보라.

22. Value(가치를 팔아라)

고객이 궁극적으로 소비하는 것은 무엇인가. 단지 밥을 먹기 위해 외식하는 것인가. 물론 그럴 수 있다. 하지만 밥을 먹는 것만이 외식의 목적은 아니다. 밥이라는 상품의 구매를 통하여 눈에 보이지 않는 가치를 느끼기를 원하기 때문이다 예를 들면 안락한 분위기, 질 좋은 서비스, 영양가 넘치는 건강관리, 마음에 맞는 사람과 대화, 모임 장소 등 단지 먹는 행위 이상의 가치를 말할 수 있다.

서비스를 팔지 말고 가치를 팔아라. 고객은 가치를 구매하기 때문이다. 가치란 고객이 투자한 시간과 소비한 금액에 비례하여 얻은 상품이나 서비스의 품질정도를 의미하는 것으로, 고객 개개인이 느끼는 주관적인 성격이 강하기 때문에 다양한 가치를 느낄 수 있는 서비스 부가가치를 제공하는 것이 필요하다. 서비스나 상품의 판매자체에 있는 것이 아니라, 가치를 극대화하여 고객의 삶의 질을 개선하고 고객과 동반자가 될 수 있는 가치체제를 만들어 나가는 일이 중요하다.

고객이 느끼는 가치가 클수록 기업이 얻고자 하는 고객의 가치 또한 상대적으로 클 수밖에 없다. 기업이 고객으로부터 획득하는 고객의 가치는 한번 거래고객을 지속적으로 관리하여 평생고객으로 이끌어가고 평생가치(lifelong value)를 얻음으로써 수익성을 확보하는 데 있다.

이러한 고객의 평생가치는 고객이 기업으로부터 상품이나 서비스 구매과정을 통해서 얻는 가치에 비례해서 결정된다. 서비스가치는 궁극적으로 고객이 평가하기 때문이다.

고객중심의 서비스리더십 체계를 확립해 나가는 일이 중요하다.

상품이나 서비스판매는 고객이 얻고자 하는 가치를 판매하기 위한 과정일 뿐 그 자체가 목적이 아님을 알아야 한다.

고객은 가치구매를 통하여 만족하고 만족한 고객은 자신이 가치를 계속 구매하고 평생가치를 기업에 제공하게 된다.

→ 1. 당신이 느끼는 가치란 무엇인가. 가치의 개념을 설명해 보라.

→ 2. 고객들은 다음과 같은 관광 서비스 기업체에서 어떤 가치를 누리고자 하는 기본 심리를 갖고 있다고 생각하는가. 이를 설명하라.

① 외식업체

② 여행사

③ 호텔

④ 항공사

⑤ 리조트

⑥ 고속열차

⑦ 커피전문점

⑧ 골프장

⑨ 스키장

23. Word of mouth(고객의 입을 이용하라)

가장 효과적인 광고는 무엇일까? 그것은 지속적인 효과를 내야하며 비용이 적게 들고 고객의 마음속에 오래 기억되는 것이어야 한다. 다름 아닌 고객의 입을 이용하는 것이다. 흔히 입소문이라는 부르는 입광고는 가장 확실하며 경쟁사를 누를 수 있는 마케팅 기법이다. 그러므로 가장 확실한 광고는 고객의 입을 이용하는 것이다.

고객의 입을 이용하는 것은 비용이 전혀 들지 않으며 바이러스처럼 그 효과가 극대화되기 때문이다. 또한 가족이나 친구 동료 등 가까운 사람에게 전파되기 때문에 신뢰성이 큰 특성이 있다. 암웨이를 오늘날 세계적인 기업으로 만든 것은 고객의 입에서 입으로 전달되는 이른 바 다단계 마케팅 덕분이다. 물건을 써보고 신뢰 할 만 한하면 주변사람들에게 추천하는 거래 방식을 갖고 있는 다단계 마케팅은 순전히 사람의 입에 의존 할 수밖에 없다. 소크라테스를 죽인 것은 법이 아니라 당시 사회의 여론이었다는 말은 입에서 입으로 전달되는 입소문이 얼마나 무서운가를 반증해 주는 좋은 예가 아닐 수 없다.

요즘 기업이 다투어 고객의 입을 이용한 버지(Buzz) 마케팅이나 바이러스(Virus)마케팅에 역점을 두는 것도 고객의 소문이 중요하기 때문이다. 특히 서비스기업은 아무리 광고 판촉을 잘해도 고객자신이 체험하기 전에는 서비스의 질을 평가 할 수 없는 약점이 있다. 결국 주변 사람들의 구전에 의존할 수밖에 없다.

관광 서비스기업에서는 고객의 입을 잘 다룰 수 있는 마케팅 기술이 우선 시 되어야 한다.

1. 구전(口傳) 마케팅은 고객의 입을 통한 효과를 극대화 시키는 것이다. 이런 구전 홍보의 특성은 무엇인가. 그리고 비용을 들이는 대중광고를 이용한 마케팅과의 차이점은 무엇인지 말하라.

① 구전 홍보의 특성

② 2대중광고의 특성

→ 2. 입 광고 혹은 입 소문의 특성은 무엇인가? 5가지만 제시하라.

→ 3. 예수는 대중매체가 없는 시대에 구전 마케팅을 통하여 2천 년간 복음사업을 하고 있다. 예수가 12제자를 통하여 전파한 구전홍보의 특성을 설명해 보라.

→ 4. 입 광고를 서비스 바이러스에 비유하여 설명할 수 있다. 바이러스란 몸속 깊숙이 침투하여 치명상을 입히고 정상적인 세포를 병들게 할 만큼 치명적인 효과를 나타낸다. 하지만 서비스 바이러스는 긍정적인 측면과 부정적인 측면이 있다. 바로 호평(Good news)과 악평(Bad news)이 그것이다. 이러한 서비스 바이러스는 어떤 특성이 있는지 설명하라.

→ 5. 당신이 체험한 고객의 입을 통하여 퍼져나간 입 광고의 사례는 무엇인가. 그 기업을 자세히 소개해 보라.

➔ 6. "나쁜 소식은 빨리 퍼진다"는 법칙이 있다. 이 법칙이 의미하는 바가 무엇인지 설명하라. 그리고 당신이 체험한 나쁜 소식은 무엇이며 그 경로를 추적해 보라.

① 나쁜 소식의 법칙

② 내가 체험한 나쁜 소식과 경로

24. X-ray(고객의 속마음을 읽어라)

고객을 내 편으로 만드는 비결은 무엇인가? 그것은 고객이 원하는 것을 주는 것이다. 그럼 고객이 원하는 것은 무엇인가? 단지 서비스 상품을 뛰어넘는 심적, 정신적인 가치를 제공하는 것이다. 따라서 고객의 마음 속 깊은 곳에 자리하고 있는 니즈(Needs)를 찾아내어 주는 것이 최상의 서비스다. 이처럼 고객을 움직이는 방법은 상대가 무엇을 원하는지를 파악하여 그것을 주는 것이다. 명예를 원하면 명예를 권력을 원하면 권력을 사랑을 원하면 사랑을 돈을 원하면 돈을 주는 것이 상대를 움직이는 일이요 내 편으로 만드는 일이다. 고객을 움직이고 내편으로 만들기 위해서는 진정으로 고객이 무엇을 원하는 지를 파악하는 것이 중요하다. 똑같이 외식을 하는 고객일지라도. 외식의 동기에 따라 기대수준과 욕구가 다양할 수 있다. 결혼기념일을 축하하기 위해서 인지, 비즈니스 접대를 위해서인지, 연인끼리 단란한 시간을 보내기 위해서인지에 따라 욕구와 기대수준이 달라지기 때문에 고객에게 이익을 줄 수 있는 일이 무엇인지를 파악하는 일 중요하다.

기업은 고객의 이익을 창출하고 고객은 무언가 얻을 수 있을 때 비로소 계속 거래관계가 싹트는 것이다. 고객에게 이익을 줄 수 있는 바이러스가 무엇인지를 파악하라. 그리고 그 바이러스를 집중적으로 전파해 나가라. 고객을 감염시키는 것으로 족해서는 안 된다. 이익을 안겨줄 수 있는 바이러스가 치명적인 감염증세를 가져오기 때문이다. 고객에게 이익을 줄 수 있는 바이러스를 찾아라 그리고 이를 집중적으로 전파하라.

이를 위해서는 단지 업무중심, 규칙 중심의 사고에서 벗어나야 한다. 모든 시스템이나 서비스 행동이 고객중심이어야 하기 때문이다. 규칙에만 의존하다 보면 인간적인 정서를 잃게 되고 결국은 매뉴얼 주문만을 외우는 인상을 주기 십상이다. 상황에 맞게 유연하게 대처해 나갈 수 있는 열린 마음 이 서비스의 가치를 높이기 때문이다.

서비스 바이러스는 규칙이나 매뉴얼 속에서는 감염능력이 떨어지는 특성이 있다 자연스러운 분위기에서 바이러스는 감염속도가 빠르다. 바이러스가 짧은 시간에 배양되고 퍼져 나갈 수 있는 적정 분위기를 만들어 나가는 일이 중요하다. 바이러스가 증식되는 데는 적정온도가 제일 중요하다. 반대로 바이러스를 죽이는 것은 열이다. 일반적으로 열은 온갖 종류의 바이러스에 천적이다. 규칙이나 따르고 매뉴얼만 달달 외우는 서비스는 바이러스를 죽이는 열과 같은 천적이다. 규칙이나 매뉴얼이 아무리 세계적이라 해도 인간적인 감동을 불러일으키지 못하면 오히려 고객을 불편하게 만드는 것이 서비스의 법칙이 아닌가?

고객을 행복하게 하는 고품질 서비스는 감염률이 높고 치명적인 서비스 바이러스에서부터 가능하기 때문이다.

1. 다음은 서비스맨의 행동강령이다. 이를 바탕으로 서비스맨의 정신과 비전을 담은 당신의 사명선언서(Mission Statement)를 만들어 보라.

- 나는 항상 서비스맨으로서의 자부심과 비전을 갖고 행동한다.
- 나는 회사의 얼굴이며 대표자라는 생각을 가지고 행동한다.
- 나는 언제나 깨끗한 용모, 올바른 언어, 따뜻한 예의를 중시하며 고객을 맞이한다.
- 나는 언제나 회사의 규칙을 존중하며 봉사한다.
- 나는 언제나 서비스의 질 향상을 위해 노력한다.
- 나는 항상 친절 서비스를 생활화한다.
- 나는 언제나 미소 잃지 않는 얼굴로 고객을 맞이한다.
- 나는 언제나 서비스의 중요성을 깨닫고 고객감동 경영 실현에 앞장선다.
- 나는 언제나 고객의 인격을 존중하며 고객의 입장에서 생각하고 행동한다.
- 나는 언제나 서비스 마인드를 개척하며 미래 서비스 산업의 신지식으로 행동한다.

■ 나의 서비스 사명선언서(Service Mission Statement)

→ 2. 고객의 마음을 읽는 것은 경험과 철저한 니즈(Needs)분석에서 가능한 일이다. 따라서 늘 고객중심의 사고를 가져야 한다. 잭 웰치는 "고객을 생각하지 않는 것은 아무것도 생각하지 않는 것과 같다"고 말한다. 다음 문장을 읽고 당신의 생각을 말해 보라.

레스토랑을 방문하는 고객의 경우 단지 음식 맛에만 만족을 느끼는 것은 아니다. 실내 분위기, 음악, 조명, 직원의 서비스태도, 인테리어, 음식을 담는 그릇, 음식의 양, 기타 디저트 등 음식을 둘러싸고 있는 유형, 무형의 다양한 요소에 의해서 영향을 받게 된다. 따라서 외식산업을 종합예술이라고 한다.

→ 3. 지금까지 경험한 사례 중에서 당신을 평생고객을 대하고 당신의 속마음을 잘 파악하여 서비스하는 기업을 말해 보라. 그리고 그 기업의 서비스 철학은 무엇인지 설명하라.

→ 4. "Service leadership is everyone's business. 서비스 리더십은 모든 사람의 과업이다"라는 법칙이 있다. 모든 업이 서비스업이며 모든 구성원은 고객을 위해 존재한다는 말이다. 이 법칙의 의미를 설명해 보고 당신의 의견을 말해 보라

25. Yes(긍정적인 사고를 하라)

서비스 리더는 긍정적인 사고를 무기로 하는 사람이다. 그에게 있어 부정적인 관념은 존재 할 수 없다. 긍정적이라는 말은 자신의 존재를 있는 그대로 인정하는 것이다 . 자신이 근무하는 직장을 있는 그대로 받아들이는 일이다. 자신이 태어난 가정과 주변환경과 현재 몸담고 있는 사회를 인정하고 겸허하게 받아들이는 것이 긍정적인 리더의 첫 번째 조건이다. 이 책의 주제는 일터를 놀이터처럼 신나고 즐거운 공간으로 만들고 동료직원과 가족처럼 웃음을 나누는 서비스 리더십을 길러나가는데 있다. 즐거움이나 웃음, 유머, 신나는 직장은 한마디로 긍정적인 사고의 결과물이다. 마음이 열리지 않고 매사에 긍정적이지 못하다면 그에게서 어떻게 웃음을 기대 할 수 있겠는가.

긍정적인 사고, 이것이 성공과 행복의 비결이며 고객을 춤추게 하는 리더십이다. 당신 안에 부정적인 사고를 몰아내는 것만으로도 당신의 인생은 충만함 으로 가득하리라!

➔ 1. 당신은 긍정적인 서비스 리더인가. 그렇다면 그 이유를 설명해 보라.

나는 긍정적인 리더다. 왜냐하면

➔ 2. 긍정적인 사람들은 어떤 공통점이 있을까. 설명해 보라.

→ 3. 당신은 긍정적인 리더가 되기 위해 평소에 어떤 노력을 하는가. 그리고 긍정적인 사람들이 세상에서 누리는 혜택은 무엇인가 설명해 보라.

→ 4. 당신 삶속에서 자리 잡은 부정적인 생각이나 행동들은 어떤 습관들인가. 모두 적어 보라.

→ 5. 다음은 세계적인 동기 부여가인 브라이언 트레이시의 말이다. 다음 글을 읽고 느낀 점을 말해 보라.

부정적인 감정은
인생에 있어 도둑과 마찬가지다
우리가 실패하는 일차적인 원인은
부정적인 감정 때문이다
부정적인 감정은
신체적 정신적인 질병을 유발하고
인간관계를 파괴하고
직장생활을 망쳐놓는다
부정적인 감정은 어떠한 유익함도 없는
해로움의 덩어리이고
행복에 있어 적이다
위대한 성공과 성취를 원하는 사람이라면
반드시 해야 할 일이
부정적인 감정을 몰아내는 일이다
마음의 평화는 인간에게 있어
최고의 선이며
부정적인 감정을 몰아내야 얻을 수 있다

→ 6. 에밀 쿠에는 “나는 모든 면에서 매일매일 좋아지고 있다”는 긍정문을 통하여 환자를 치료하고 자신의 인생을 행복의 경지로 이끌어 갔다. 당신의 인생을 변화시킬 수 있는 긍정문을 만들어 보라. 자신감 넘치며 확신을 갖고 미래를 밝게 해 줄 긍정문을 업무나 인간관계에서 큰 행운을 안겨 줄 것이다.

■ 내 인생의 긍정선언문

26. Zealous(열정적인 서비스 리더가 되라)

인간에게 열정이 없다면 그것은 어떤 모습일까? 나는 죽은 것이나 다름없다고 단호히 말한다. 열정이야 말로 인생의 비밀을 벗겨줄 수 있는 기술이요 무기이기 때문이다. 지식보다는 열정이 중요한 이유도 여기에 있다. 열정으로 무장하라 그러면 그 안에 당신이 찾는 모든 것이 있음을 볼 것이다.

열정적인 사람은 자신이 하는 일을 사랑하고 헌신적으로 일하는 사람들이다. 그녀는 늘 자신이 서비스 직업에 적합자라고 생각하며 항상 사람 만나는 일을 즐거운 일로 받아들였다고 한다. 즐겁게 일하는 사람에게는 그 만큼 큰 기회가 찾아오는 법이다.

서비스는 태도 및 습관을 의미한다. 열정적인 태도야말로 살아 있는 서비스다. 서양 속담에 "열정 속에서는 지저분한 먼지도 태양처럼 빛난다"고 한다. 어느 조직이든 열정적으로 불태우는 사람만이 리더가 될 수 있다. 서비스업은 쇼 비즈니스(Show business)다. 쇼가 생동감 있게 살아 있으려면 감독에서부터 배우에 이르기까지 열정을 갖고 뛰어야 한다.

→ 1. "열정을 상실한 사람이야 말로 최악의 파산자"라고 H.W.Arnold는 말한다. 이 말의 의미를 말해 보라.

→ 2. 당신은 열정적인 서비스 리더인가. 그렇다면 다음 문장을 완성해 보라.

나는 열정적인 서비스 리더다. 왜냐하면

때문이다. 그러므로 나는 열정적인 서비스 리더다.

→ 3. 매일 아침 다음의 문장을 외쳐보라.

나는 열정적으로 생각한다.
나는 열정적으로 행동한다.
나는 열정적인 에너지로 넘쳐난다
그러므로 나는 열정적인 서비스 리더다
열정은 내가 가진 최고의 무기이며 자산이다.

→ 4. 다음은 사무엘 울만의 시 "청춘"이다. 다음 시를 읽고 당신의 청춘을 말해보고 느낀점을 설명하라.

청춘이란 인생의 한 기간을 말하는 것이 아니라 마음가짐을 말한다.
씩씩하고 늠름한 의지력, 풍부한 상상력, 불타는 정열을 말한다.

청춘이란 인생의 깊숙한 곳에서 솟아오르는 샘물의 청신함이다.
청춘이란 겁을 타지 않는 용맹심, 안이를 물리치는 모험심을 말한다.

때로는 스무살 젊은이에게 보다도 예순살난 사람에게 청춘이 있다.
나이를 먹었다고 사람이 늙지 않는다. 이상을 잃었을 때 비로소 늙는다.

세월은 피부에 주름살을 더하지만 정열을 잃으면 마음이 주름진다.
고뇌, 공포, 실망은 기력을 잃게 하고 정신을 쓰레기로 만든다.

예순 살이건 열여섯살이건 사람의 가슴에는 놀라움에 끌려가는 마음
어린이처럼 미지의 세계에 대한 탐구심, 인생에 대한 흥미와 환희가 있다.

그대에게도 나에게도 마음속에 보이지 않는 정거장이 있다.
사람들로부터 하느님으로부터 아름다움, 희망, 기쁨, 힘의 영감을 받고 있는 한 그대는 젊다.

영감이 끊기고, 정신이 냉소의 눈에 덮이고, 비탄의 얼음속에 빠져 들어갈 때면 스무살 나이에도 사람은 늙는다.

머리를 높이 쳐들고 희망을 물결위에 올라앉는 한, 여든살이 되더라도 사람은 청춘으로 지낼 수 있다.

① 나의 청춘은 이렇다

② 이 시를 읽고 느낀 점은?

➔ 5. "열정만 있으면 이루지 못할 일이 없다"고 알프 왈드 에머슨은 말한다. 열정을 높이는 원칙에는 무엇이 있는지 말해 보라

APPPENDIX

외식경영 관련 운영 매뉴얼 양식

1. 경영효율표

[점포명 개점일 평수 좌석수 점장명]

		월	월	월	월	월
1	영 업 일 수					
2	총 매 출 액					
3	객 수					
4	객 단 가					
	런 치 타 임					
	디 너 타 임					
5	요 리 비 율 (%)					
	음 료 비 율 (%)					
6	런 치 쉐 어 (%)					
	디 너 쉐 어 (%)					
7	평 당 매 상 고					
8	1 일 1 석 매 상 고					
9	노 동 시 간 수					
10	환 산 인 원					
11	평 균 인 건 비					
12	1 인 당 매 상 고					
13	인 시 매 상 고					
14	원 료 비 율 (%)					
15	인 건 비 율 (%)					
16	제 경 비 율 (%)					
17	原 + 人 (%)					
18	경 영 체 질					
19	재 고					

[점포명 개점일 평수 좌석수 점장명]

		월	월	월	월	월
1	영 업 일 수	1개월의 영업일수				
2	총 매 출 액	요리,음료외에 매점매상과 기타매상도 모두 부문별로 계상				
3	객 수	1개월동안의 모든 객수				
4	객 단 가	총매상고 / 객수				
	런 치 타 임	11:00 ~14:00				
	디 너 타 임	17:00 ~ 20:00 혹은 밤에 가장 바쁠 때				
5	요 리 비 율 (%)	(요리매상고 / 총매상고) x100				
	음 료 비 율 (%)	(음료매상고 / 총매상고) x 100				
6	런 치 쉐 어 (%)	(런치타임의 매상고 / 총매상고) x 100				
	디 너 쉐 어 (%)	(디너타임의 매상고/ 총매상고) x 100				
7	평 당 매 상 고	총매상고 / 평수				
8	1일1석 매상고	총매상고 / 영업일수 / 좌석수				
9	노 동 시 간 수	노동시간수				
10	환 산 인 원	노동시간수 / 200 (1일 8시간으로 25일 곱한 것)				
11	평 균 인 건 비	총인건비 / 환산인원				
12	1 인 당 매 상 고	총매상고 / 환산인원				
13	인 시 매 상 고	총매상고 / 노동시간수				
14	원 료 비 율 (%)	(원료비 / 총매상고) x 100				
15	인 건 비 율 (%)	(인건비 / 총매상고) x 100				
16	제 경 비 율 (%)	(제경비 / 총매상고) x 100				
17	原 + 人 (%)	원료비율 + 인건비율				
18	경 영 체 질	원료비율 + 인건비율 + 제경비율				
19	재 고	재고액수				

[매장체크리스트]

매장명 : 점

<table>
<tr><th>평가항목</th><th>세부내용</th><th>A</th><th>B</th><th>C</th><th>F</th><th>비고</th></tr>
<tr><td rowspan="3">1. 입구
(간판, 주변포함)</td><td>시설, 분위기</td><td></td><td></td><td></td><td></td><td rowspan="3"></td></tr>
<tr><td>고객 흡인력</td><td></td><td></td><td></td><td></td></tr>
<tr><td>청결, 위생</td><td></td><td></td><td></td><td></td></tr>
<tr><td rowspan="5">2. 실내</td><td>시설, 분위기</td><td></td><td></td><td></td><td></td><td rowspan="5"></td></tr>
<tr><td>색상, 조명</td><td></td><td></td><td></td><td></td></tr>
<tr><td>청결, 위생</td><td></td><td></td><td></td><td></td></tr>
<tr><td>서비스용품(가구, 기물, 접시류) 정리정돈상태</td><td></td><td></td><td></td><td></td></tr>
<tr><td>화장실</td><td></td><td></td><td></td><td></td></tr>
<tr><td rowspan="4">3. 주방</td><td>청결, 위생</td><td></td><td></td><td></td><td></td><td rowspan="4"></td></tr>
<tr><td>시설, 분위기</td><td></td><td></td><td></td><td></td></tr>
<tr><td>주방설비배치 적정여부/효율적 동선</td><td></td><td></td><td></td><td></td></tr>
<tr><td>조리사 위생복, 위생모 착용/청결상태</td><td></td><td></td><td></td><td></td></tr>
<tr><td rowspan="5">4. 종업원
접객자세</td><td>복장, 용모</td><td></td><td></td><td></td><td></td><td rowspan="5"></td></tr>
<tr><td>고객응대(영접태도)/언행, 예절, 표정, 미소여부</td><td></td><td></td><td></td><td></td></tr>
<tr><td>입구/담당(간부)직원 영접, 환송여부</td><td></td><td></td><td></td><td></td></tr>
<tr><td>주문태도(상품숙지, 메모지준비)</td><td></td><td></td><td></td><td></td></tr>
<tr><td>음식서브 숙달여부</td><td></td><td></td><td></td><td></td></tr>
<tr><td rowspan="3">5. 메뉴판</td><td>구성의 적절함</td><td></td><td></td><td></td><td></td><td rowspan="3"></td></tr>
<tr><td>디자인</td><td></td><td></td><td></td><td></td></tr>
<tr><td>종류</td><td></td><td></td><td></td><td></td></tr>
<tr><td rowspan="6">6. 음식</td><td>모양새</td><td></td><td></td><td></td><td></td><td rowspan="6"></td></tr>
<tr><td>위생, 청결성</td><td></td><td></td><td></td><td></td></tr>
<tr><td>주문 후 제공시간 준수여부</td><td></td><td></td><td></td><td></td></tr>
<tr><td>맛</td><td></td><td></td><td></td><td></td></tr>
<tr><td>판매가격</td><td></td><td></td><td></td><td></td></tr>
<tr><td>기본찬류</td><td></td><td></td><td></td><td></td></tr>
<tr><td rowspan="4">7. 캐셔(계산)
신속, 정확,
친절성</td><td>계산서 홀더를 사용하는가</td><td></td><td></td><td></td><td></td><td rowspan="4"></td></tr>
<tr><td>카운터에서</td><td></td><td></td><td></td><td></td></tr>
<tr><td>테이블에서</td><td></td><td></td><td></td><td></td></tr>
<tr><td>카드사용 시</td><td></td><td></td><td></td><td></td></tr>
<tr><td>8. 기타사항 및
도움말씀</td><td></td><td></td><td></td><td></td><td></td><td></td></tr>
</table>

[매출액 순위별 ABC 분석]

번호	품 명	수량	판매가	매상액	원가	원가율	매상액누계	매출비율
1								
2								
3								
4								
5								
6								
7								
8								
9								
10								
11								
12								
13								
14								
15								
16								
17								
18								
19								
20								
21								
22								
23								
24								
25								
26								
27								
28								
29								
30								
TOTAL								

[매 출 통 계 표(1)]

점 년 월 일 작성

日	曜日	1) 11~2		2) 2~5		3) 5~8		4) 8~11		5) 합계		6) 요리		7) 음료		8) 술, 맥주		9)		10)	
		객수	금액	객수	금액	객수	금액	객수	금액	객수	금액	객수	금액	객수	금액	객수	금액	객수	금액	객수	금액
1																					
2																					
3																					
4																					
5																					
6																					
7																					
8																					
9																					
10																					
11																					
12																					
13																					
14																					
15																					
16																					
17																					
18																					
19																					
20																					
21																					
22																					
23																					
24																					
25																					
26																					
27																					
28																					
29																					
30																					
31																					
합계																					

Source : (주)RGM Consulting

[매출 통계표 (2)]

년 월

일	요일	1) 시~ 시		2) 시~ 시		3) 시~ 시		4) 시~ 시		5) 시~ 시	
		고객 수	금 액	고객 수	금 액	고객 수	금 액	고객 수	금 액	고객 수	금 액
소계											
소계											
소계											
소계											
소계											
합계											

<table>
<tr><td>No</td><td></td><td colspan="3">메 뉴 기 준 표</td><td>점포명</td><td colspan="2"></td></tr>
<tr><td rowspan="2">메뉴명</td><td rowspan="2" colspan="4"></td><td>년월일</td><td colspan="2"></td></tr>
<tr><td>판매가</td><td colspan="2"></td></tr>
<tr><td>No</td><td>원 료 명</td><td>수량</td><td>단위</td><td>단가</td><td colspan="3">제 조 법</td></tr>
<tr><td>1</td><td></td><td></td><td></td><td></td><td colspan="3"></td></tr>
<tr><td>2</td><td></td><td></td><td></td><td></td><td colspan="3"></td></tr>
<tr><td>3</td><td></td><td></td><td></td><td></td><td colspan="3"></td></tr>
<tr><td>4</td><td></td><td></td><td></td><td></td><td colspan="3"></td></tr>
<tr><td>5</td><td></td><td></td><td></td><td></td><td colspan="3"></td></tr>
<tr><td>6</td><td></td><td></td><td></td><td></td><td colspan="3"></td></tr>
<tr><td>7</td><td></td><td></td><td></td><td></td><td colspan="3"></td></tr>
<tr><td>8</td><td></td><td></td><td></td><td></td><td colspan="3"></td></tr>
<tr><td>9</td><td></td><td></td><td></td><td></td><td colspan="3"></td></tr>
<tr><td>10</td><td></td><td></td><td></td><td></td><td colspan="3"></td></tr>
<tr><td>11</td><td></td><td></td><td></td><td></td><td colspan="3"></td></tr>
<tr><td>12</td><td></td><td></td><td></td><td></td><td colspan="3"></td></tr>
<tr><td>13</td><td></td><td></td><td></td><td></td><td colspan="3"></td></tr>
<tr><td>14</td><td></td><td></td><td></td><td></td><td colspan="3"></td></tr>
<tr><td>15</td><td></td><td></td><td></td><td></td><td colspan="3"></td></tr>
<tr><td rowspan="5">제 품
사 진</td><td rowspan="5" colspan="4"></td><td>제품원가</td><td colspan="2"></td></tr>
<tr><td>매출이익</td><td colspan="2"></td></tr>
<tr><td>원료비율</td><td colspan="2"></td></tr>
<tr><td colspan="3">제 기 록</td></tr>
<tr><td>년 월 일</td><td>사 항</td><td>기 입 자</td></tr>
<tr><td rowspan="3"></td><td>식 기 명</td><td colspan="3"></td><td rowspan="3"></td><td rowspan="3"></td><td rowspan="3"></td></tr>
<tr><td>단 가</td><td colspan="3"></td></tr>
<tr><td>관련식기</td><td colspan="3"></td></tr>
</table>

[상품개선 체크리스트]

상품명					
판매가	원	원가율	%	ABC분석	A B C

프리젠테이션(담기)의 문제

체 크 항 목	문 제 점	개 선 점
색 채		
양		
식 기 와 의 조 화		
따 뜻 함 · 차 가 움		

소스 문제

체 크 항 목	문 제 점	개 선 점
색 채		
양		
맛		

전체적인 맛에 대한 문제

체 크 항 목	문 제 점	개 선 점
주재료의 맛		
부재료의 맛		
전체적인 맛의 조화		
조리 과정		

주요 식재의 문제

체 크 항 목	문 제 점	개 선 점
유 통 과 정		
보 관 / 저 장		
품 질		

[손익계산서]

점 ( )월분

항 목	전월누계	당월금액	구성비%	당월누계
매상고				
원재료비				
1. 기초재고				
2. 기중재고				
3. 기말재고				
인 건 비				
1.급여				
2.파트.아르바이트급여				
3.복리후생비				
제 경 비				
1. 수도광열비				
2. 홍보.판촉비				
3. 소모품비				
4. 통신료.신문				
5. 비 품				
6. 수리비				
7. 수수료.협회비				
8. 보험료				
9. 제세공과				
10.경조사비				
11.세탁비				
12.교통비				
13.교육.연구개발비				
14접대비				
점포관리이익				
고정비(초기조건)				
1. 임대.관리비				
2. 금리				
3. 감가상각비				
4. 리스료				
5. 본부비				
세전이익				

[슈퍼바이저 매출부진 체크리스트]

항 목	세 부 항 목	YES	NO	대 책 안	실시사항
입지조건의 악화는 아닌가?	상권 내 객층의 변화 고객유발기고(대형백화점 및 사무실)의 변화 교통상황 경합점포				
점포이미지의 악화는 아닌가?	점내 불결 상품의 표현 용기의 진부화 메뉴판의 보기 나쁨 카운터의 응대 활기가 없다 설비의 파손				
점포운영이 매너리즘에 빠지지는 않았는가?	쇼맨십의 결여 오더 받는 법 미숙 운반하는 법, 세트의 미숙 P.R 부족 정착율의 악화				
가격이 비싸지는 않는가?	사입 원가 담는 기술 접시 등의 용기 타점과의 비교				
품질에 문제는 없는가?	사입의 결여는 보관 상황 선도유지 설비 선입 선출 일자 관리 담당자의 부정은				
메뉴구성이 나쁘지는 않은가?	객층과 메뉴의 구성 입지 특성 지역 특성 타사비교 맛과 객층 품절 주력상품의 부재 라이프 사이클				
비 고					

[슈퍼바이저 체크리스트]

200 년 월 일 담당

점 포 명		방 문 시 간	
참 석 자			

점포 청결도 (Cleanliness)

No	체 크 항 목	3	2	1	코멘트
1	간판, 샘플케이스 등의 외관				
2	유리창				
3	카운터 주변				
4	홀과 주방의 바닥				
5	테이블, 의자 및 카스터세트				
6	데커레이션 등의 벽 부착물				
7	서비스스테이션, 음료냉장고				
8	선반, 창고, 냉동·냉장고				
9	작업대 및 싱크대				
10	화장실 냄새, 변기청소				
11	타올, 비누, 휴지 등의 준비				

서비스(Service)

No	체 크 항 목	3	2	1	코멘트
1	복장, 몸가짐, 대기자세				
2	내점, 퇴점 고객에 대한 인사				
3	주문의 타이밍				
4	상품지식, 적극적 판매자세				
5	자연스런 일의 흐름				
6	중간서비스, 추가주문				
7	BGM, 냉난방, 조명				
8	스피드 있는 치우기, 재세팅				
9	클레임(고충)처리				
10	직원들의 표정(가중치 : 점수*2)				
11	생동감있는 목소리(가중치 : 점수*2)				

시식 상품 (Quality)

No	상 품 명	전미			간			온도			코멘트
		3	2	1	3	2	1	3	2	1	
1											
2											
3											
4											
5											

SV 종합평가

<table>
<tr><td>

</td></tr>
<tr><td>※ 점수에 따른 점포 운영 상태

– 매우 잘함 (90점 이상)
– 잘 함 (80 ~ 90점)
– 보 통 (70 ~ 80점)

총 점</td></tr>
</table>

[식재 발주 및 검품표]

년 월 일

	식 재 명	단위	수량	납기일	발주처담당자	담당자	표준 단가	발주 단가	평 가				비 고
									수량	중량	선도	규격	
1													
2													
3													
4													
5													
6													
7													
8													
9													
10													
11													
12													
13													
14													
15													
16													
17													
18													
19													
20													
21													
22													
23													
24													
25													
26													
27													
28													
29													
30													

Source : (주)RGM Consulting

[식재 일람표]

	품 명	단위	수량	세 부 사 항			비 고
				가격	상표	연락처	
1							
2							
3							
4							
5							
6							
7							
8							
9							
10							
11							
12							
13							
14							
15							
16							
17							
18							
19							
20							
21							
22							
23							
24							
25							
26							
27							
28							
29							
30							

Source:(주)RGM Consulting

[식재 재고 일람표]

(1) 분류 : 육류, 육가공

품명	단위	전월잔액			금월매입			금월잔액			금월사용량		
		수량	단가	금액	수량	단가	금액	수량	단가	금액	수량	단가	금액

(2) 분류 : 해산물

품명	단위	전월잔액			금월매입			금월잔액			금월사용량		
		수량	단가	금액	수량	단가	금액	수량	단가	금액	수량	단가	금액

(3) 분류 : 청과, 채소류

품명	단위	전월잔액			금월매입			금월잔액			금월사용량		
		수량	단가	금액	수량	단가	금액	수량	단가	금액	수량	단가	금액

신 메 뉴 시 식 회

일 시 : 200 년 월 일(: ~ :)

장 소 :

조리사 :

평가기준(점수 : 최고 5 ~ 최저 1)로 평가한 후 종합의견을 적어주세요.

순번	메 뉴 명	평 가							합계	메뉴 채택	종합의견
		판매가격	모양	양	색감	온도	향	맛			
1											
2											
3											
4											
5											
6											
7											
8											
9											
10											
11											
12											
13											
14											
15											

Source : (주)RGM Consulting

[업무일지]

200 년 월 일 요일(날씨:)

1. 매출 현황

구 분	당일 목표	당일 실적	달 성 률	비 고
금일 매출				

구 분	현 금	카 드	외 상	D C	매출 계	고객수	객단가
금일실적							
누계실적							

2. 근태 현황

구 분		홀	조 리	비 고
금일 근무	직원	명(시간)	명(시간)	
	파트	명(시간)	명(시간)	
금일 휴무	직원	명(시간)	명(시간)	
	파트	명(시간)	명(시간)	
익일 휴무 직원		명	명	

3. 업무 사항

1) 보고 및 실행사항 :
2) 기기고장 유무 및 고객클레임 사항 :
3) 메뉴(식재료)관련사항 :
4)기타(예약 및 특이사항) :

[영 업 일 보 (월별)]

		1	2	3	4	5	6	7	8	9	10	11	12
오전	매출액												
	객 수												
	객단가												
	요 리												
	음 료												
	합 계												
오후	매출액												
	객 수												
	객단가												
	요 리												
	음 료												
	합 계												
	총합계												

[영 업 일 보 (총괄)]

	1	2	3	4	5	6	7	8	9	10	11	12
영 업 일 수												
총 매 출 액												
총 객 수												
객 단 가												
전 월 잔 고												
금 월 잔 고												
금 월 사 용 액												
요 리 원 가												
요 리 비 율												
음 료 원 가												
음 료 비 율												
총 원 가 율												

Source:(주)RGM Consulting

[영 업 일 지]

재적인원 (홀 / 주방)		인 원
오 늘 근무자	주간 (홀)	명
	주간 (주방)	명
	야간 (홀)	명
	야간 (주방)	명
	파트	명

날짜	년 월 일		결 재
날 씨		점 장	
매 장 명		부점장	
담 당 자			

시간대	직원수	고객수	객단가	노동시간	인시매출	매 출
시~ 시						
시~ 시						
시~ 시						
시~ 시						
합 계						

직 원 사 고 내 용	사고내용의 설명	내일 휴무자 명단
훈련 명 / 조퇴 명 교육 명 / 휴가 명 출장 명 / 결근 명 기타 명		1. 2 3 4

1. 매출 현황

구 분	현금	카드	외상	DC 및 접대	일일매출액	고객수	송금액
일일실적							
월누계							
비고 (카드내역, 기타사항)							

2. 보고사항 및 실행사항				
3. 기기고장유무 및 고객고충내용 (클레임 발생)				
4. 메뉴(식재료)의 관련사항				
5. 기타 (예약사항 및 특이사항 등)				
6. 상세 내역	일 계	누 계	입 금 명 세	금 액
총 매 출				
순 매 출				
부가가치세				
할 인				
외 상 금				
입 금				
출 금				
잔 돈				
현금재고				
실제현금재고				
은행 입금액				
과 부 족				
취소금액				
취소횟수				

할 인 명 세	금 액		출 금 명 세	금 액
기 타 합 계			기 타 합 계	
합 계			합 계	

Source: (주)RGM Consulting

[원 재 료 분 석]

		月	月	月	月	月
총매출액						
총원가액						
총원가율						
부분별원가율	1. 요리매출					
	요리원가					
	요리원가율					
	2. 육류					
	총매출액대비율					
	총원가대비율					
	요리원가대비율					
	3. 농산품					
	총매출액대비율					
	총원가대비율					
	요리원가대비율					
	4. 공산품					
	총매출액대비율					
	총원가대비율					
	요리원가대비율					
	5. 음료매출					
	음료원가					
	음료원가율					
	총매출액대비					
	총원가대비					
	영업일수					
일일평균매출						

월 운영계획서

매장명 : 점장 : (인)

1. 판매목표

전년 동월 실적	당월 목표	증감 (%)	실 천 내 용

2. 판촉계획

항 목	내 용
목 적	
기 간	
판 촉 물	
고 지 방 법	
판 촉 방 법	

3. 손익계획

구분 과목	전년 동월 실적		금년 당월 목표		비 고	금년 당월 실적	
	금 액	%	금 액	%		금 액	%
Ⅰ. 매출액							
Ⅱ. 매출원가							
Ⅲ. 매출총이익							
Ⅳ. 판매비							
1. 급료							
2. 파트 인건비							
3. 수도광열비					전기:		
4. 통신비					수도:		
5. 소모품비					가스:		
6. 기타							
Ⅴ. 영업이익							

4. 정보 및 고객관리 (상권, 경쟁사 동향, 고객성향, 신규출점, 경쟁사 판촉 등)

5. 제안 및 기타 점포관리 건의사항 (원재료, M/T, 작업관리 등)

Source:(주)RGM Consulting

[점포 매출 및 판매관리비 일일집계 현황표]

년 월 점

구분		매출		재료비			판매관리비		판매형태		
일	요일	일실적	누계	냉동 냉장	공산품 일반품	야채류 소모품	인건비	기타경비	주간	야간	포장
1											
2											
3											
4											
5											
6											
7											
8											
9											
10											
11											
12											
13											
14											
15											
16											
17											
18											
19											
20											
21											
22											
23											
24											
25											
26											
27											
28											
29											
30											
31											
합 계											

1.매출액		4.매출이익		미지급금	전월 외상매입금	
2.이월재고		5.판매관리비			당월 외상매입금	
3.당월재고		6.영업이익			금월 결제금액	

참고문헌

- 이순주 옮김, 마크빅터 한센, 로버트 G 엘렌.1분이 만드는 백만장자.북@북스. 2002
- 김태수 외, 창업을 위한 기업 경영의 이해. 학문사.2000.
- 차대운 외, 창업경영의 길라잡이. 도서출판 삼보.2000.
- 함주한, 마케팅 무작정 따라하기. 길벗.2005
- 임붕영. 외식산업 경영론. 형설. 2003
- 임붕영. 고객을 춤추게하는 서비스 리더십. 백산출판사. 2006
- 임붕영. 셀프리더십. 백산출판사. 2007
- 임붕영. 외식사업 길라잡이. 형설. 2004.
- 인천지방중소기업청, 창업실무매뉴얼.2005
- 소상공인 지원센타. 소상공인을 위한 창업스쿨, 2000.
- 서정민, 창업과 경영을 위한 사업계획서, 한국세정신문사.1999.
- 소상공인지원중앙센타, 사업계획수립 및 사업성 분석.1999
- 한국기업상담(주)편저, 사업계획서 가이드. 한국생산성본부.1994.
- 박주관. 사업타당성분석과 사업계획서 작성. 21세기 북스.1997.
- 이종호, 특허와 창업개론. 형설출판사. 2002.
- 김영목, 벤처창업실무,형설출판사, 2002.
- (주)RGM Consulting. 각종 외식경영관련 매뉴얼 양식

임붕영

- 안산공과대학 호텔외식산업과 교수
- 관광학 박사/시인
- 한국유머경영학회 회장
- 한국유머리더스클럽 회장

[주요저서]

- 외식산업경영론
- 서비스 쿠데타
- 셀프 리더십론
- 우리는 웃기는 리더를 존경한다
- 스위트 스팟
- 외식사업길라잡이
- 고객을 춤추게 하는 서비스 리더십
- 아버지의 웃음
- 고품격 유머스트레칭
- 시집 "옷을 벗어야 날개가 난다"

외식사업 창업경영

2008년 11월 5일 1판1쇄 인쇄

2008년 11월 10일 1판1쇄 발행

저 자 임 붕 영

발행인 (寅製) 진 욱 상

발행처 백산출판사

서울시 성북구 정릉3동 653-40
등록 : 1974. 1. 9. 제 1-72호
전화 : 914-1621, 917-6240
FAX : 912-4438
http://www.baek-san.com
edit@baek-san.com

값 17,000원

ISBN 978-89-6183-138-3